U0939204

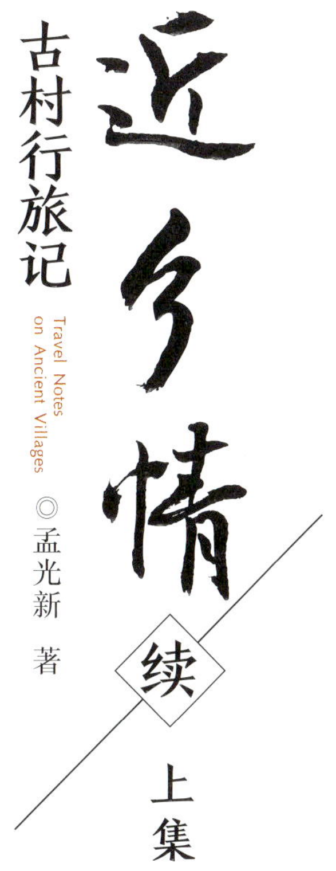

近乡情 续

上集

古村行旅记

Travel Notes on Ancient Villages

◎孟光新 著

北方联合出版传媒（集团）股份有限公司
春风文艺出版社
·沈阳·

图书在版编目（CIP）数据

近乡情：古村行旅记：续 / 孟光新著. — 沈阳：春风文艺出版社, 2023.9
ISBN 978-7-5313-6452-8

Ⅰ. ①近… Ⅱ. ①孟… Ⅲ. ①游记—作品集—中国—当代 Ⅳ. ①I267.4

中国国家版本馆CIP数据核字(2023)第104265号

北方联合出版传媒（集团）股份有限公司
春风文艺出版社出版发行
沈阳市和平区十一纬路25号　邮编：110003
沈阳市美图艺术印刷有限公司印刷

责任编辑：刘晓欢　　助理编辑：周珊伊
责任校对：张华伟　　装帧设计：正午文化
幅面尺寸：165mm × 240mm　　字　　数：535千字
印　　张：33.5　　版　　次：2023年9月第1版
印　　次：2023年9月第1次　　书　　号：ISBN 978-7-5313-6452-8
定　　价：180.00元（全2册）

重返精神家园

——序孟光新《近乡情——古村行旅记》续集

高　晖

《近乡情——古村行旅记》出版以来，时常会有若干熟悉作者的体制内朋友跟我谈及此事，话题大多是围绕自己退休后，也要像孟光新这样，全国各地走一走、看一看，甚至也要写一点文字。当然，这些话题都局限在旅行范畴内。每遇这种情况，我一般都会随声附和。有一天，我再次翻阅《近乡情——古村行旅记》，突然想到：其实，这是一桩事件，其中包含着意义。

今年年初，光新先生回来并特意告诉我：走完了，全部走完了。150多个典型古村落你都走完了，那得赶紧出版《近乡情——古村行旅记》续集啦——我说，这次得找一位研究古村落的专家给你写序。他坚持说，还得你写，还得你写。于是，我无法再推辞：那好吧。关键是你做了一件大事儿。这次，我得尽量从学理意义上弄清楚一些，也就是这件事到底意味着什么。其后，我便是看清样，并且围绕古村落阅读相关资料和书籍。“这是一桩事件，其中包含着意义”——我得力所能及地给出一个定位性的东西，其实，无非就是一组判断句而已。然后，便是长时间语塞，一动手就焦灼不安。有些东西没有厘清，还是无法顺畅地完成整篇东西。我知道，光新也在默默地等待这篇序言，尽管没有催我，但，我还是能感受到他的期待。

这件事情，说起来很简单：一位刚刚退休的厅局级公务员，从2016年春季出发，只身一人，断断续续用6年时间，行程10万多公里，走过近150个古村落（镇），遍及30多个省（市），实地拍摄2万余张照片，撰写50多万字的游记。其间，在2019年年末，他已结集57个古村落，出版《近乡情——古村行旅记》，并于2021年11月正式出版。其后，虽受新冠疫情所限，但他并未因此止步，直至2021年冬季，结束古村落寻访的全部行程。此刻，大家看到的这部续集，汇集65个古村落，并分为上下两集出版。于是，他认为自已完成了退休后的人生目标之一。

然而，这件事情所包含的内容却远远没有这么简单。其实，孟光新关于中国古村落的审美梦想，就是关于怀古和审美的梦想。6年来，孟光新沉浸在远古、古村落、审美这些古典氛围里，穿行在当代、审美、重建乡村这些当下现实里——他已经完成从飞翔到宁静，从审美意识苏醒到社会责任感的生成。同时，这也是一种个体生命勇气的呈现，即孟光新通过实现这场中国古村落审美梦，找到自己人生后半场的生命精神依托。

至此，孟光新成为国内系统考察古村落的第一位旅行家，又是国内系统记叙古村落的第一位作家，同时，还是国内系列拍摄古村落的第一位摄影家。同时，孟光新的《近乡情》系列或将具有研究古村落的资料价值。那么，相关意义何在呢？我觉得，孟光新走遍古村落，这是一桩个体生命的心灵事件，又是一桩具有社会性的文化事件。

先说孟光新的个体生命事件。2000多个日日夜夜，10万多公里的孤独旅程，150多个古村落的跋山涉水，2万余张实地照片，50多万字的旅行日记，其实包含着孟光新的一次又一次访古对话和自我灵魂的倾听，由此引发的心灵经验甚至是心灵历险，促使孟光新完成一次自我生命的高峰体验和洗礼。毋庸置疑，支撑孟光新完成漫漫长路是一种巨大的、自我生成的精神力量。这种精神力量的特质是一边行走、一边生成，他本人就像是一部油电混合动力汽车，在耗油的同时完成充电。具体说，就是他通过对古村落文化遗存的考察，看到历朝历代的审美程式的变化；他通过独自行旅生活，完成一次认知的提升，已经将陈旧的经验抛入枯井，并形成自己新的参照系和新的观念。我曾经说过，这种孤独旅程是一个体制人的蜕变过程，是一个规规矩矩的专业性官员重新获得灵气的过程，是一个领悟古今之变的过程，是一个蜕变全新自我的过程。

我完全能够想象到孟光新六年孤旅所经历的丰富性，会远远大于他所呈现给读者的部分，肯定会包括沉迷、惊奇、感喟、邂逅、绝望，还有那些不可言说的神秘感，正是所有这些，成为孟光新完成此次郑重的心灵超越的组成部分。由此，他的心灵感受在拓展，他的生命幅面在增宽。这是一次个体生命的心灵长征，这是一次哲学意义上的精神还乡，这是一次宗教意义上的自我救赎。总之，这是一次从此岸到彼岸的闭环体验。

综上，从个体生命精神完成的意义上讲，这六年旅程已经使孟光新获得穿越时空感，获得古风拂尘感，获得古水涤心感，进而获得内心空明澄碧的新生感。他在后记里曾描绘这次漫长旅行的结束时刻，那是他从云南哈尼梯田走下的早晨。我觉得，就是在这一刻，一个崭新的孟光新已经诞生：

那天清晨，从哈尼梯田下来，云雾弥漫，迎面扑来，汽车仿佛在棉絮里穿行……我知道，我的古村落行旅结束了。到了山下，大地阳光灿烂，回头向上望去，感觉自己仍被包裹在那里，乃至回到家后很长一段时间，我仿佛仍沉浸在迷雾般的旅途里。

从社会学意义看，这六年旅程就是一个具有标志性的文化事件。从个体生命的精神还乡到社会责任感的自我升腾，这是一个问题的两个方面。没有精神启蒙，就不会有真正的社会责任感。我在前一篇序言里说过，古村落是中国文化延续的载体之一。其实，古村落更是农耕文明的基本单位。千百家园构成村落，万千村落构筑家国。中华儿女的血脉基因，既无处不在又细若游丝。我觉得，无数个古村落就是中国人的家国情怀和亘古乡愁的真实出处。可以说，孟光新的六年旅程，就是一次特别具有社会学意义的行为艺术。他分明是在呼吁保护古村落，他分明是在呼吁重启古村落的精神价值，他分明是在呼吁重塑中国文化之根脉。

从体制内官员完成内心蜕变以及退休生活导向上看，这应该是一个问题。在我国古代，退休官员常常归隐乡野，并作为乡村一员共同组织延伸乡绅文化，将审美意识、社会责任感等等文化情怀传递到乡间，进而形成一种深层的稳定乡村文化结构。当代官员尤其是技术官员退役缺乏相关制度性引导，加之其文化情怀及审美意识缺席，导致人力资源综合利用的缺位，致使乡村建设进入一种不可逆转的精神空心化。同时，公务员返乡也是公务员本身晚年的精神出口。当然，上述这些均是另外的话题。

当然，传统农耕的衰落，加之城市集聚的马太效应，诱导村民进行相关价值判断和选择，导致当下古村落的空心化，并呈现出不可逆转的坠落趋势。其实，从现有古村落这些珍稀标本可以透视古人生活的人文生态环境和建筑环境，这无疑就是中国乡村梦的文化模型。在中国，当代生活的真正痛点是文化缺失，中华优秀传统文化将是未来世界的救赎切口之一。于是，亲近、保护、复制、汲取、提升古村落，是同一问题的不同方面，我认为其核心问题就是操盘者审美意识的全面苏醒。目前，个别针对古村落采取的相关“保护利用”方式，传达出只重死物复生而不重精神传承的态势，业已背离初衷进而走向反面——加速着古村落空心化。其实，我认为，古村落所承载的真正不可再生资源就是乡村精神，而乡村精神的活体传承者是乡绅。这些，应该是“中华文明基因库”的关键基因信息。

孟光新正是围绕古村落的意境和意义进行采写，于是，《近乡情》将对古村落的传统文化信息的保存、解读、传承和发展具有一定的资料价值甚至远远大于资料价值。

综上，孟光新从个体生命心灵洗礼与再造到社会责任感升腾与实现的过程，其实就是精神还乡，就是重返精神家园的过程。这就是孟光新六年苦旅的真正意义。可以推测，孟光新六年寻访古村落之旅或将得到社会面关注。我愿意这样期待。

高　晖　当代重要作家。制造一切文本，包括小说、散文、诗歌、文学艺术批评等等；还包括毛笔字、写意猫、写意虎等等。现为中道六合（北京）文化机构签约艺术家，南开大学艺术研究院特聘教授。

目录·上集

万里江山万里行

一村一寨总关情

——作者题

第一章 烟花三月

己亥清明过后，江南春意正浓。尽管连日阴雨，我却不想错过这样的季节，仍然结伴友人，踏上去浙江省的旅途。

浙江省的古村落，星罗棋布，风貌迥然。厚重的人文情怀，寄情于粉墙黛瓦、四水归堂、田园风光、小桥流水之间，天然融为一体，堪为古代的人居天堂，令我们现代人心驰神往。该省古村数量多，大体分为3块：杭州以北，古镇规模大，开发得好，人气也旺；楠溪江沿岸，古村落数量多，风光旖旎，天人合一；南部靠近福建省，古村独有特色，但坐落分散，交通稍有不便。其他零散古村，顺路即可游览。

雨润西塘

2017年秋天，走到上海枫泾时，我知道跨过省界，浙江这边就是西塘镇，当时已决定返回沈阳，只能隔空挥挥手，相约下次见面。时间跑得真快，仅过了一年多，就载我来到它面前。

柳絮如烟的季节，天气多变。穿过复建的古镇门楼，没走多远，一片乌云涌上来，随之狂风暴雨，我们赶紧躲进路旁店铺。少顷，浓云散去，雨点瞬间连成细丝，雾气氤氲，重又恢复江南4月的常态。

西塘镇，地处苏浙沪交界处，前移2000多年，春秋战国时期，是

◀ 河道对面，古戏台“浮”在水面，隔空望过去，雨雾朦胧，犹如仙台

吴越两国交壤之地，唐宋两代就已形成村镇，有这样一句话，形容西塘很恰当：“春秋的水，唐宋的镇，明清的建筑，现代的人。”如今，作为江南六大古镇之一，由于开发利用得好，西塘镇已成为国家5A级景区。所幸是雨天，估计平时游人一定很多。

阴云密布，看样子雨不会停了，我们撑起雨伞，挎上照相机，走进蒙蒙的雨雾里。

江南水乡，自然以水为脉，西塘也不例外。两条河流为主水系，形成丁字形河道，又有“来凤港”“十里港”“里仁港”“烧香港”等支系交汇，组成镇内的水网格局。沿河道移步前行，即可深入古镇各个角落。

街衢依河而建，过了纤桥，先是塔湾街，顺河势弯成优美的弧度。街首处，是修复一新的“护国随粮王庙”。这座明代末期的建筑，为纪念一位金姓运粮官而建。相传明代某年，他押运官粮经过此地，时值旱灾严重，农田绝收，他不忍百姓受苦，私自动用官粮救济灾民，自己则以身殉职。后来，朝廷查明此事，追封他为“利济侯”，后又封为“护国随粮王”。西塘人感其恩德，特建此庙纪念他。庙宇很普通，走进厅门，正殿悬挂“金公殿”烫金牌匾，虽为复制品，却装饰得古色古香，上面标有“庙始建于明崇祯甲申”。听完这个故事，“未见其人，先闻其声”，我内心对古镇有了几分敬重。

◀ 西塘镇，地处苏浙沪交界处，春秋战国时期，是吴越两国交壤之地，唐宋两代就已形成村镇

从古庙出来，进入塔湾街，便是古镇的游览线路。河道对面，一座古戏台“浮”在水面，隔空望过去，雨雾朦胧，犹如仙台。

塔湾街上的建筑，廊棚与河道相交，形成半敞开式的通道，虽然下着细雨，走在其间，格外惬意：里侧的店铺，一家挨着一家，密无间隙；外侧一排立柱，间或有长条座椅和美人靠，看雨丝洒落水面，泛起细密的涟漪。早在明代，这条街上便酒楼云集，如今更是商家繁盛，灯火辉煌，门庭若市，原以为雨天游人少，却都躲在这里。

▲ 西塘的廊棚保存完好，总长1000多米，为江南水乡之最，其中这段“烟雨长廊”最长，也最有特色

出了塔湾街，又是一座古建筑：建于明代的“醉园”。买了景区门票，不用再次购票，可直接进去参观。原为五进结构的建筑，现存四进，总体面积不大，却建得迂回幽深。一进的门厅，悬挂着一副回文联：园中画醉客，客醉画中园。再往里走，碧池青石，回廊翠竹，秀色醉人。“艺香斋”书屋里，设有王氏“水乡风韵”版画陈列，以及西塘宗族文化、庭院文化介绍等，驻足片刻品读，便对古镇有了大致的了解。

过了“醉园”，是镇内最高的环秀

桥，建于明代万历九年（1581），为单孔石拱桥。雨丝纷扬，桥上仍站满游人，观赏美景，拍照留念。石桥东西石壁上，镌刻两副对联，应该是此地最形象的诠释，无须再多描述，我认真记了下来：上下影摇波底月，往来人度水中天；船从碧玉环中过，人步彩虹带上行。然后，我也挤上桥顶，俯瞰河畔景观。两岸的古建筑，多为两层结构，楼下店铺，楼上住人，嫩黄的春叶掩映下，这些布满沧桑的老屋，争相尽显多姿多彩的风韵。

▼ 上下影摇波底月，往来人度水中天；船从碧玉环中过，人步彩虹带上行

沿河往前走，与“来凤港”相会处，横跨一座风雨桥。据《西塘镇志》记载，此桥建于明代崇祯十年（1637），清代又两度重修。相传造桥之时，恰有一鸟飞来，人们以为祥瑞，遂取名“来凤桥”。又有说法，“新婚夫妇走一走，南则送子，北则来凤”，便更名为“送子来凤桥”。如今的这座石桥，是1998年重建的，采用古典园林中“复廊”形式，中间隔墙花窗，两边是通道，造型颇为奇特，可以坐下休憩，还可观景怡情。

雨丝愈加稠密，我们也走了“烟雨长廊”。临河的沿街廊棚，也称为廊街，连接河道和店铺，又遮阳避雨，是水乡特有的建筑。西塘的廊棚保存完好，总长

1000多米，为江南水乡之最，其中这段“烟雨长廊”最长，也最有特色。廊内街面宽敞，青砖铺地，炎热的夏日，骄阳似火，徜徉在这里，该是多么奢华的享受！我们故意放慢脚步，让咫尺之隔的绵绵春雨，把自己的情思也润入这片泥土里。

▼ 天色阴暗，檐下悬挂的红灯笼，迫不及待亮了起来，河水映衬下，色彩艳丽，玲珑剔透

出了烟雨长廊，河道呈丁字形，永宁桥与南北向的安善桥、安境桥形成三角，遥相对望。站在这里，一眼看三桥，是西塘的最佳景观。横亘岸上的塘东街，镇内最繁华的商业地段，店铺排列，酒楼林立，由于天色阴暗，檐下悬挂的红灯笼，迫不及待地亮了起来，河水映衬下，色彩艳丽，玲珑剔透。历史上，西塘的读书人很多，但科举入仕的毕竟有限，多数人落第归来，开始经商兴业。他们受儒家文化熏陶，理念与一般商人不同，讲究信誉，重义薄利，经百年而不衰。据说，有家老字号的药铺，门上曾写有这样的对联：“宁药架满尘，愿天下无病”。读书人的良知可见一斑。

跨过安境桥，沿着塘东街南行，此时，虽然阴云密布，雨却停了下来。我们一路漫步欣赏，置身这热闹的街市，如同融入《清明上河图》的画卷中。走到鲁家桥，有向东的支流，为“烧香港”，沿南岸石路东行，曲径通幽，不远处是西塘的圣堂。圣堂建于明代万历三年（1575），清代康熙年间两次重修，因当时供奉关帝，俗称为“圣堂”。这座整修后的古建筑，四进结构，穿过一进的门厅，再往里走，就很有意思了，二进供奉文财神赵公明，三进武财神关羽，四进则是观音，而两旁的侧殿，为文昌殿和三官殿。由此可见，善良而虔诚的西塘人，只要是值得众生敬重的神仙，没有严格的道教、佛教等区分，全都可以供奉。

“倪宅”也在这条街巷，是已故上海市副市长倪天增的祖居。

▲ 西塘的古巷，多达120多条，为古镇的又一大特色

西塘的古巷，多达120多条，为古镇的又一大特色。折返往回走，我们沿河道的南岸。这条街叫西街，东西走向，是镇内的主要街道。西街具有典型的水乡特征，最窄的地段，仅为一根扁担宽度，临街的房屋，对面两家的楼上，房檐几乎相交，打开窗户，伸手可及，竹竿一搭，可以晾晒衣被。计家弄、叶家弄、苏家弄、唐家弄等古巷，都在西街这片区域。由于商铺众多，游人大都集中在这里，熙来攘往，热闹非凡。让我颇感意外的是，这里还有几个特色文化场所，纽扣博物馆、根雕艺术馆、瓦当文化陈列馆等，可凭景区门票免费参观，不再另收门票。

计家弄的“西园”，是西塘最大的古建筑群，我们当然不能错过。这座江南大户人家的宅院，是明代朱氏的私邸，园内建有亭台楼阁、假山鱼池等，是当时镇上风景幽美之处。民国初期，吴江诗人柳亚子常偕文人来此，与镇上南社社友吟叙，一时传为佳话。南社，是在中国同盟会革命浪潮激荡下成立的，以提倡民族气节、推翻清王朝、建立民主共和政体为志的文学团体，于1909年11月在苏州秘密成立，柳亚子即是主要发起人之一，他在西塘发展了以余十眉为首的18名社员。目前，

◄ 计家弄的“西园”是明代朱氏的私邸，园内建有亭台楼阁、假山鱼池等，是当时镇上风景幽美之处

◄ 西塘的古巷，多达120多条，为古镇的又一大特色

园内设有“南社陈列室”等，用大量的图片、书籍、诗作等原始资料，展示了近现代西塘的这批文化人的生平事迹。清末民初时期，他们踊跃投向进步浪潮，反对2000年来的封建统治，用自己的诗文指点江山，抨击时政。后来，南社在大革命浪潮中四分五裂，西塘的这一班诗友，又组织了胥社，其诗文多数都保留下来，和柳亚子在西塘留下的90首诗文一起，成为西塘的珍贵文化

遗产。我们在此停留多时，以加深对南社的更多印象。

下西街的“王宅”，也是镇内著名的古建筑。虽为清代王氏的私邸，其祖上却是宋代御营司都统制王渊，因遭“明受之变”牵连，后代隐居于此。宅院为前后七进，典型的清代民居风格，雕花门窗，淡雅清新。目前只开放四进，第三进为正厅，名为“种福堂”。宅内设有西塘古建筑艺术馆、西塘平民文化展示馆、西塘名人馆。

王宅西侧的“石皮弄”，是西塘最有特点的小巷，全长68米，夹在两幢住宅之间，宽处1.1米，窄处0.8米。其特点在地面，由216块石板铺成，厚度仅3厘米，薄如石皮，故称“石皮弄”。石板下面是水道，雨天从不积水。石皮弄建于明末清初，至今仍是镇内一条行走通道。

走过最西边的唐家弄，又回到古镇入口处。我停下脚步，转身回望。春雨初霁，雾气似乎更浓了，撒欢儿似的四处蔓延，如一层白茫茫的薄纱，把古镇的所有全都笼罩起来。老屋，河道，石桥……若隐若现，如梦如幻，更像一幅巨大的水墨丹青画——是呀，我们不就是刚从画中走出来的吗？

运河重镇

说南浔是运河重镇，毫不夸张。京杭大运河的南浔段，是江南运河支线河道，依靠它通畅的航运功能，始建于南宋淳祐年间的南浔镇，从明代后期至清代中叶，由蚕丝业起步兴起，逐渐发展为近代中国丝绸工业的发源地。2014年，联合国将这段河道（頔塘故道）列入《世界遗产名录》。

游南浔，当然离不开运河水系。刚进古镇，小巧的码头旁边，便是享誉江南的“小莲庄”，正巧来了旅游团队，随着熙攘的人流，我们走进这座全国重点文物保护单位。

小莲庄，又称“刘园”，是晚清光禄大夫刘镛的私家花园，光绪十一年（1885）始建，由其长孙刘承幹1924年建成，前后耗时40年，因仰慕元末书画家赵孟頫的“莲花庄”，取名小莲庄。明清时期的丝业兴旺，给南浔人带来巨大财富，当地有“四象”“八牛”“七十二金狗”之说：家资超过千万两白银的称为“象”，过百万的是“牛”，50万两叫“狗”。刘镛为南浔“四象”之首，可见其富裕程度。走进牌楼式庄门，眼前豁然开朗：偌大的荷花池，嫩蕊凝珠，风姿绰约；四周亭台楼阁，布局点缀，匠心独妙；荷池的南侧，栽有百年紫藤，枝叶茂密，延伸至五曲桥顶部，浑然天成，美不胜收。小莲庄分内外两园，这片荷池为外园，内园以山为主体，用太湖石堆叠的假山，路径弯弯，小巧曲折，宛如一座大盆景。内园与外园之间，用粉墙相隔，又有漏窗通透，似隔非隔，湖光山色一体，相映成趣。园内最为经典的，是几处人文景观：先是碑刻长廊，紧临荷池西岸，廊壁嵌置刻石45方，其中的《紫藤花馆藏帖》刻于清代嘉庆十六

◀ 京杭大运河的南浔段，是江南运河支线河道。2014年，联合国将这段河道（頔塘故道）列入《世界遗产名录》。

年（1811），为书法名家刘墉、王文治、梁同书及著名学者袁枚、赵翼等人的墨迹；《梅花仙馆藏真》是清代文学家严可均按《史记》所载秦琅邪台石刻全文，仿拓片所书，此碑刻为刘墉次子所得，于光绪二十一年（1895年）嵌入此廊，堪为史料和艺术价值兼备的珍品，可让当代人一睹秦碑全貌。走出长廊，一墙之隔，便是刘氏家庙，小莲庄的主要建筑群。东侧的石板路，立有两座御赐牌坊——“乐善好施”和“钦旌节孝”，由光绪、宣统两代皇帝所赐，嘉勉刘氏家族的赈灾善举和女德节孝。两座牌坊相距10米左右，均为门楼式造型，高8.5米，宽5.6米，5楼4柱，上面雕刻“状元及第”“吉星高照”“武松打虎”等图案，工艺精湛，具有极高的艺术价值。过了牌坊，绕到刘氏家庙的正门，这座坐北朝南的建筑群，建于清代光绪年间，是刘氏家族祭祖场所。面宽三间，纵深三进，门前有照壁、旗杆座、石狮等，气势雄浑，构架雕饰华美。正厅内悬挂宣统皇帝所赐“承先睦族”九龙金匾。正厅北侧的馨德堂，楼厅式建筑，装饰讲究，门窗均雕有博古纹饰。

家庙旁的甬道，一条青石板路，走到尽头，又是一座全国重点文物保护单位——嘉业堂藏书楼，江南四大藏书楼之一（另外3座：宁波的天一阁、杭州的文澜阁、瑞安的玉海楼），因溥仪亲题“钦若嘉业”九龙金匾而得名。此楼由刘承幹建于1924年，两层回廊式中西合璧建筑，“口”字外形，中间是天井，足有300多平方米，据说为晒

▶ 刘氏家庙面宽三间，纵深三进，门前有照壁、旗杆座、石狮等，气势雄浑，构架雕饰华美。

▲ 家庙旁的甬道，一条青石板路，走到尽头，又是一座全国重点文物保护单位——嘉业堂藏书楼

书之用。藏书楼四周，同样是园林式环境，清水环绕，林木繁密，荷叶形的莲池，左右有“浣碧”“障红”两亭，与池中岛上的“明瑟”亭相互呼应。藏书楼内部，有库房52间，存书30余万册。刘承幹平生酷爱藏书，辛亥革命前后，他借大量古籍流散之机，四处购置，历时20年，购书60万卷，18万余册，其中不乏海内珍本、孤本，尤以宋刊《史记》《汉书》《后汉书》《三国志》最珍贵，为镇库之宝。1933年以后，刘氏家道中落，很多古籍随之散失。1951年刘承幹将书楼及庭院捐给浙江图书馆。我在藏书楼里上下浏览，看到木制的窗格很别致，仔细辨认，竟然是雕刻的篆体字，每扇窗子6个字，上下左右连读，组成“嘉业堂藏书楼”，设计者的匠心让人赞叹。

出了小莲庄，石板铺设的南西街与运河故道北向并行。街口处，是张氏旧宅建筑群，号称“江面第一宅”，同样是全国重点文物保护单位。这座建于清末民初的私家宅院，主人是南浔巨商张钧衡（字石铭），清代光绪二十年（1894）的举人，祖父是南浔“四象”之一，他在继承祖业的生丝、盐业等之外，还在上海经营房地产、钱庄等。难能可贵的是，他在艺术方面造诣也很深，喜好金石碑刻和玩赏奇石，故取字为石铭，他与国画大师吴昌硕等人交往甚厚，是杭州西泠印社的发起人之一。宅院坐西朝东，由几幢独立建筑和后花园组成，典型的江南传统建筑风格，又融合了欧洲文艺复兴时期的建筑形式，为中西合璧建筑风格的典范。首先进入“懿德堂”，我伫立厅前，注视这座高敞的堂室，面宽三间，檐下的斗拱构件及门窗裙板均刻着“松鹤长青”“吉祥如意”等图案，为晚清东阳木雕之精品。走进厅内，上方悬挂清末状元、实业家张謇所书的“懿德堂”堂匾，正中檩子饰有一幅意喻“步步升高”“平升三级”的鎏金花瓶插戟图案的包袱锦，仍然光彩如初。“懿德堂”的堂名，颇有中国传统的孝行节操寓意。张钧衡早年丧父，家中诸事皆由其母操持，“女子多德曰懿”，是中国古代对妇女的尊称，为表对母亲的尊敬和孝心，故将堂名为“懿德堂”。我还注意到，大厅腰门上面，是吴昌硕所书的“竹苞松茂”。沿参观路线，再

▼ 走进厅内，上方悬挂清末状元、实业家张謇所书的“懿德堂”堂匾

▼ “花厅”内悬挂康有为书写的“以适其志”匾额

来到“花厅”，主人接待朋友的场所，厅内悬挂康有为书写的“以适其志”匾额，下方是董其昌所书“酒德颂”银杏雕刻字屏，地面摆设落地屏风、自鸣钟，意喻时时平安。然后是“韫辉斋”，典型的欧式楼房，原为张钧衡之孙居住，现在是张氏家族史迹陈列馆。最后来到“西洋楼”，张石铭宴请社会名流、举办舞会的场所，外墙是巴洛克建筑形式，阳台采用法国路易时期的铁花栏杆。楼内是西欧风格的舞厅，石膏天花顶，欧式水晶吊灯，西式壁炉及乡村风格油画地砖，体现出欧洲18世纪的建筑装饰风格。如此异国情调的私家舞厅，在那个男人梳辫子、女人裹小脚的时代并不多见，也让我等当代人们叹为观止。

沿南西街继续北行，是南浔辑里湖丝馆，一座中西合璧的建筑，1926年由南浔商会筹建，也是该商会的会所。新中国成立后一直是南浔镇政府所在地，1998年镇政府搬迁后，遂改建为南浔辑里湖丝馆。辑里湖丝又称辑里丝，因产自南浔镇辑里而得名，是世界上最好的蚕丝。据史料记载，清代康熙年间织造的9件皇袍，就是用辑里丝做经线制作。1851年，上海商人用辑里丝参加在伦敦举办的首届世博会，一举夺得金奖。馆内共设5个展厅，通过翔实的史料和实物，配以多媒体声光影像技术，展示了南浔与世博会的历史渊源和深厚的文化内涵，是一个集历史纪实、人文体验、科学教育和产品展销等多功能于一体的综合性展馆。

“南浔三古桥”，包括通津桥、洪济桥和广惠桥。出了辑里湖丝馆，就是广惠桥，因对岸的广惠宫而得名。此桥为单孔石拱，始建年代已失考，现为清代嘉庆、同治两朝重修的。桥长18米，宽3.3米，拱高13米，以方便行船，两边各有24级台阶。桥东堍北侧，一对青石雕成的巨狮，清代光绪年间的工艺，造型生动，刻工精细，与古桥浑然一体，相得益彰。

听镇里人说，沿河道再往西北，与大运河的交汇处，立有“世界遗产”石碑，我们闻之一爽，快步离开人流，走了一段路，果然看到一块巨石，正面刻有“世界遗产——中国大运河”字样，背面是“江南运河南浔段（頔塘故道）”，并刻有说明：頔塘运河始建于西晋太康年间，作为湖州地区的区域运河，隋代初期，是湖州大运河的重要河道。南宋时期，成为大运河支线——江南运河西线的一部分，后多次疏浚维修，保持着航运功能。1955年于南浔镇北另开一段航道，这段约1.6公里的頔塘故道因而得以完好保留。

南浔从这里汇入大运河，融入了五彩缤纷的世界，站在石砌的岸畔，翘首河道远方，我知道，它的尽头是北京。

从石碑处转回来，走到通津桥边，是古镇十字形水系的交叉点，过了桥的东大街，是以前南浔镇的

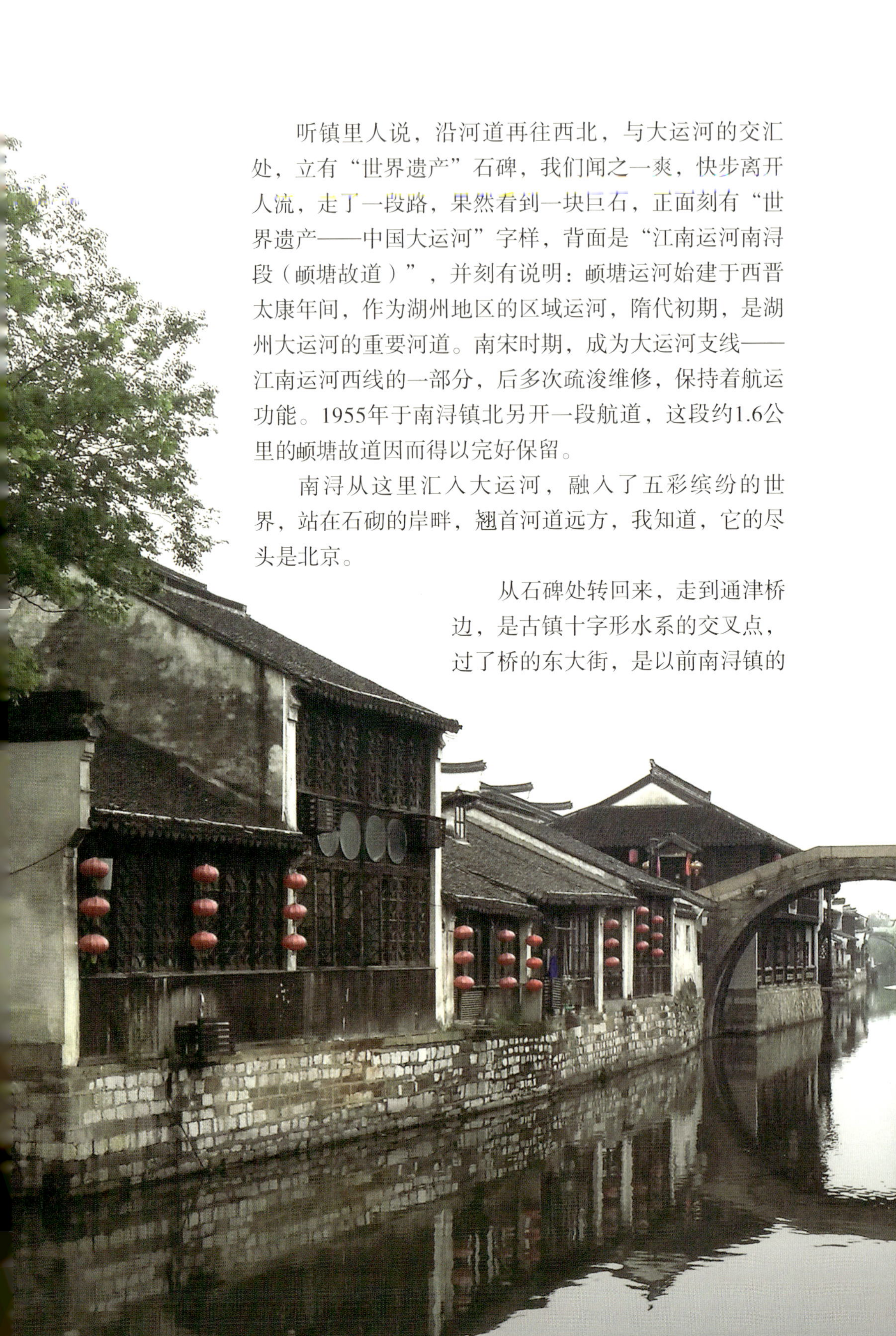

中心。“通”为通往之意，津即是水，水为财富，桥名不言自明。此桥始建于宋代，具体年代失考，清代嘉庆三年（1798）重建，后又经几朝整修。单孔拱形，长28米，宽4米，跨度14米，拱矢高7.6米，两边各有33级台阶，为“南浔三古桥”之首。明清时期，这一带是繁华的丝市，是辑里湖丝的集散中心，辑里湖丝由此通过水路到上海，在那儿转销海内外。

东大街的尽头，是“南浔古三桥”最后的一座：洪济桥。明代的《湖州县志》对此桥已有记载，清代嘉庆十年（1805）予以重建，单孔的石拱桥，长28米，宽3.5米，拱矢高7.2米，两边踏步有33级。

过了洪济桥，弯弯的河道两边，是南浔著名的“百间楼”，系明代礼部尚书董份回乡后为女眷而建，约有100间楼房，全长400余米，故称百间楼，是江南保存最

▼ 南浔从这里汇入大运河，融入了五彩缤纷的世界

完整的明清时期沿河民居建筑群。传统的白墙灰瓦，有的筑成骑楼，有的楼前披檐，仔细观察，各楼间有券门相隔，连成一条遮阳避雨长街；再看楼顶防火墙，三叠式马头墙、琵琶式山墙，高低错落，极富韵律情趣；石砌护岸整齐，临水有若干河埠，便于泊船运货，又方便生活汲水；远距离观望，岸上实物，水中倒影，亦真亦幻，好一幅江南水上人家的绮丽画卷。清代嘉庆年间，曾有诗句称赞："百间楼上倚婵娟，百间楼下水清涟；每到斜阳村色晚，板桥东泊卖花船。"我们来到这里时，一群学生正在写生，全都专心致志、闲人勿扰的神情。

洪济桥东侧，坐落着"尊德堂"，是民国奇人张静江的故居。其祖父是南浔"四象"之一，于清代同治年间建造了这座豪宅。张静江曾为辛亥革命做出过重大贡献，孙中山称他为"中华第一奇人"，并题"丹心侠骨"相赠。这座典型的清代传统古建筑，分列3条轴线，中轴线为三进，东西轴线为四进，每进一厅五室，之间各有天井。故居门楣上的"张静江故居"横额，为陈立

▼ 张静江故居在古镇边缘，河道东侧是南东街，与西侧南西街对应，路面却宽敞了，也多了一些商铺

夫所书。大厅“尊德堂”，传统的江南厅堂建筑，门楣用方砖雕刻，其“有容乃大”四字由近代实业家兼收藏家周梦坡所书。进入大厅，迎面高悬的堂匾，为清末名人张謇书写，下方是孙中山题写的楹联：“满堂花醉三千客，一剑霜寒四十州”。两侧抱柱联，由同治、光绪的老师翁同龢所题：“世上几百年旧家无非积德，天下第一件好事还是读书”。二厅里面，是张静江的生平介绍，大量的图片和历史文物，讲述着这个民国奇人的传奇一生。说起他和孙中山的交往，颇有传奇色彩。1905年，孙中山去海外筹集革命经费，与张静江巧遇于赴法轮船上。当时，张是清政府驻法国公使的商务随员，孙中山有意回避他，他却在甲板上拦住孙，表明对孙的支持态度。两人相谈后约定，将来革命需要钱时，孙可打电报给张，标“A”即是1万元，“B”为2万元，“C”是3万元，以此类推。1907年，孙中山前往河内，并计划再次起义时，经费没有保障，他忽然想起了张静江，便给他拍电报，钱均如数收到。不仅如此，1911年4月广州黄花岗起义等，均得到他在财力上的资助。只要孙中山有电报来，张静江从不回绝。

▲ 2001年，张静江故居列入全国重点文物保护单位

2001年，张静江故居列入全国重点文物保护单位。

张静江故居在古镇边缘，离开这里，就该往回返了。河道东侧是南东街，与西侧南西街对应，路面却宽敞了，也多了一些商铺，游人更为密集。这条街上，还有一处全国重点文物保护单位，就是丝业会馆。

这座丝业会馆，是清末民初南浔丝业公会办公和议事之所，建于1910年至1912年，主体建筑为大厅“端义堂”，通高约15米，用料考究，气宇轩昂，是古镇现存最高的厅堂建筑。拱形石门的上方，依稀可见繁体的“丝业公会”石刻汉字。应该说，南浔丝业发展的历史成就，丝业公会的推动作用功不可没。

截至2018年，国务院公布的7批全国重点文物保护单位，总数为4296处，南浔古镇就占有5处，估计在全国古村落中当属前列。

丝业会馆的对面，有一家专营湖笔的小店铺，我见门面装饰典雅，虽不想购买，也饶有兴趣地走进去，一睹湖笔的风采。

湖笔，湖州毛笔的简称，与徽墨、宣纸、端砚并称为“文房四宝”。湖笔的成名，始于元代，据说与书画家赵孟頫的关心重视和严格要求有关。湖笔文化源远流长，非几句话能概括，仅从原料和工艺方面看，湖笔采用山羊、黄鼠狼、山兔等兽毛料，经过70多道手工制作，具有尖、齐、圆、健四大特色。湖笔之乡善琏镇，与南浔镇比邻，这里自然也是湖笔展销的窗口。店铺狭小，店主热情，详细介绍湖笔性能，我看质量不错，便买了几支，没花多少钱。

前行几十米，来到广惠宫前。广惠宫原为道观，始建于北宋治平年间，早于南浔建镇时期。相传曾被元末农民起义军领袖张士诚占为行宫，又称为张王庙，因而佛道结合，既供黄大仙，又奉观世音菩萨。数百年来，这座建筑几经损毁，2003年重建时，仍在原址基础上恢复了原貌。广惠宫有前殿、主殿，南侧还有偏殿，进入主殿，悬挂的“黄大仙殿”匾额，为赵孟頫所题写。据传，黄大仙为道教神仙，在民间惩恶除奸，赠医施药。

▼“刘氏梯号”，又称崇德堂，外墙采用红砖砌筑，所以人们都叫它红房子

▼崇德堂正中是吴昌硕所题的“爽挹近辉”横匾

这条街上，还有一座特殊建筑。“刘氏梯号”，又称崇德堂，由刘镛三子于清代光绪三十四年（1908）建造。这座中西合璧的建筑，由南、中、北3部分组成，中部以传统儒家理念的厅堂为主体，南、北部则为西欧罗马式风格，外墙采用红砖砌筑，所以人们都叫它红房子。进入内部，一进是崇德堂，完全是中式设计装修特色，正中是吴昌硕所题的“爽挹近辉”横匾，寓继承祖业、发扬光辉之意，两侧柱联为“自有琴书增道气，权邀山月伴佳宾”。

据史料记载，这座红房子建筑的地下，沉埋着清代初期第一文字狱“庄氏史案”，当时震惊全国，史称“喋血江南”。顺治年间，南浔富商庄氏的长子庄廷鑨，购得明代大学士朱国祯的明史遗稿，便请人编成《明史辑略》一书，并刻印发行。结果被告“私编明史、诽谤朝廷、大逆不道”，南浔的朱、庄两家遭满门抄斩，牵连的地方官员均革职查办，被杀及流放者达2000余人，书上所列文学之士无不锒铛入狱。庄家的老宅院，案发后被夷为平地，直至清代末期，才由刘镛三子在此建成这座红房子。

获知上述这桩“惨案”，一时间，我的脚步变得沉重了。文字狱，作为我国古代文化专制的一部分，各个朝代均不同程度地存在，但尤以清代最为严重，贯穿其整个统治时期，是中国历史上绝无仅有的文化专制制度。清代统治者通过文字狱，强化集权统治，严重禁锢了人们的思想，阻碍了科学文化的发展，造成万马齐喑的可悲局面，正如龚自珍诗云：“避席畏闻文字狱，著书只为稻粱谋。”

几缕柔柔清风，从运河故道上方拂过，水面泛起细细波纹，一条装饰古朴的游船划过，带走我内心的阴郁。抬头远望，河面波光粼粼，两岸柳绿花红，今天的古镇，沐浴着春日的阳光，自然天成，和谐淡然。我相信，南浔古镇，每一个寻游到此的人，都将收获自己人生记忆中最美的一幅画卷。

乌镇，互联网时代

近几年，乌镇频频进入人们的视野，是因为世界互联网大会在此举办，并且被确定为永久会址。互联网时代，多种信息聚集交会，乌镇，还是从前那个乌镇吗？带着诸多疑问和好奇，我们来到这里。

乌镇，位于江浙两省交界处，距杭州、苏州均为60公里，距上海106公里，紧邻京杭大运河，境内属太湖流域水系，河流纵横交织，有“中国最后的枕水人家”之誉。

▲ 乌镇古民居常涂抹黑色漆料，以长久保护墙面

说来难以置信，6000多年前，乌镇先民就在此繁衍生息了。春秋时代，这里是吴越边境，吴国屯重兵在此防御越国，史称“乌戍”。从唐代咸通十三年（872）建镇算起，至今已有1000多年的历史。借助水运的便利，乌镇从宋代开始，逐渐发展为江南贸易重镇，明清时期，其规模和繁华已超过郡县，明代嘉靖时期《乌青镇志》记载：“财赋所出甲于一郡。”乌镇古民居常涂抹黑色漆料，以长久保护墙面，而黑色在这一带称“乌”，乌镇名称大概由此而得。

域内3条河道，形成十字形的构架，将全镇分割为东西南北四个区域，古时候，各区域设置栅栏以防匪盗，因此得名东栅、西栅、南栅、北栅。目前，已开发东栅和西栅两个旅游景区。跟着北斗导航，我们先到了西栅南门，管理人员告诉，东栅的几个主要场馆，下午5点关门，可先去那边观光，有免费班车往来接送。还没进入景区，就感受到便利的服务，让我们的游兴陡然大增。

西栅和东栅相距1.5公里，班车沿“子夜路”横穿镇内。隔窗往外看，楼房林立，商铺云集，俨然一座现代化城镇。其实，乌镇旅游业的兴起，要晚于附近的周庄、西塘等古镇。直到1999年，乌镇人才后知后觉，意识到古镇的旅游价值，开始着手保护性开发，“整旧如故、以存其真”，他们收集旧材料，修补老屋残缺，陈年门窗修整后，按古法用桐油刷漆，水泥路全部恢复为青石板路，所有管线铺设地下，古镇重新焕发了新时代生机。2014年，世界互联网大会之所以选在这里举办，正是基于乌镇独特的地理优势，悠久的中华文明传统，周边互联网经济的辐射，类似世界经济论坛举办地瑞士小镇达沃斯，千年古镇一跃置于信息时代的前沿。

东栅面积稍小，由东栅老街、观前街、河边水阁、廊棚等组成。一条几百米长的河道，两旁的老建筑，多为人文景观，主要有茅盾故居、林家铺子、立志书院、文昌阁、修真观古戏台、江南百床馆、余榴梁钱币馆、汇源典当等。茅盾故居当然是我的首选，因为那部《子夜》早已印在心里，问明白方位，我们便一路径直寻过去。

茅盾故居坐落在狭长的观前街上，现辟为茅盾纪念馆。隔街是文昌阁，建在河埠之上，旧时读书人前来，小船就泊在阁下的河埠边。从阁下门洞穿过来，就是茅

▼ 东栅面积稍小，由东栅老街、观前街、河边水阁、廊棚等组成

盾故居正门。全国重点文物保护单位，面积450平方米，两层木结构楼房，四开间两进结构。进门先看到茅盾的半身铜像。里面是卧室、书房、餐厅等，家具的布置，仍保持他当年居住时的原貌。其他房间里，陈列有茅盾的多件遗物，近千册书籍和大量图片，以人生之路和文学之路为主线，展示了茅盾先生的一生。据说，茅盾的祖居在乌镇乡下，此处房产是他用《子夜》稿费所建造的。旁边的立志书院，创建于清代同治四年（1865），后改为国民初等学校。1904—1907年，茅盾曾在此就读。如今，书院作为茅盾故居一部分，用于文物陈列展示。

“林家铺子”也在观前街上，茅盾故居的斜对面，牌匾悬挂店门之上，街道狭窄，需到近前抬头才能看见。如今，店内外仍然古色古香，是旅游商品的专营店，我探身往里望，商品琳琅满目，不见谢添的影子。电影《林家铺子》中的林老板，那个谨慎而精明的小商人，让谢添饰演得惟妙惟肖，堪称中国电影史的经典之一。

茅盾故居的西侧，一座建于明代的古戏台，清代乾隆十四年（1749）重修，是街对面的修真观附属建筑。这条街所以称观前街，我猜测，一定是因为在修真观的前面，而其观又不可小觑，它与苏州的玄妙观、濮院翔云观合称为江南三大道观。修真观共设三进，一进为山门，二进东岳大殿，三进是玉皇阁。山门的上方，悬挂一巨大算盘，下方一副对联“人有千算，天则一算”，很有警世意味。相比之下，古戏台更有特色，歇山式屋顶，飞檐翘角，梁柱间精致的木雕，庄重中透着秀逸。戏台共有两层，下层后面直通河埠，便于演员和道具等船运。据说在1937年，这里曾上演过《放下你的鞭子》那出著名的活报剧。

沿路往回走，应家桥和南花桥之间，是汇源当铺，两层的楼房，五开间的门面。《乌青镇志》记载，当年的乌镇，最多时有13家典当行，太平天国前还有7家，到了1931年，只有汇源当铺勉强维持，生意每况愈下，不久即关门停业了。今天的此地，便是当年汇源当铺的位置。

没走多远，路旁又是一家博物馆——“江南百床馆”，由原来的“赵家厅”改造而成，展出江南地区的各类旧式木床，是全国此类物件唯一的展馆。里面摆放的数十张古床，大部分为清代和近代时期的，从富贵人家到平民百姓，式样各异，奢华俭朴、工艺繁简不一。

仔细观赏，我发现还有几张明代古床，风格简洁，精雕细刻，尽显那个时代独特的艺术魅力。

利用原有资源，经过发掘整理，成为展示民间传统习俗的窗口，是乌镇保护性旅游开发的一大特点。比如“江南民俗馆”，老屋原主人金氏，是当年的一方巨富，今天这里开辟出几个展厅，包括有衣俗厅、节俗厅、婚俗厅、寿俗厅等，利用实物、蜡像、图片等，让当代人了解晚清至民国时期，乌镇百余年的民间生活，趣味性十足，令人耳目一新，印象深刻。

还有徐家当年的豪宅，经过修缮改造，摇身一变，成为“江南木雕陈列馆”。迈步进去，先是被4米长的雕花大梁所吸引，上面樟木雕刻工艺，为“郭子仪祝寿”场面，人物神态逼真，栩栩如生。门楣窗棂等处的木雕，花鸟禽兽，图案多样，圆雕、平雕、透雕等，技艺出神入化。正室和偏屋里，还陈列大量的古代木雕精品器件，极有观赏性，细细品味，可饱尝中华民族传统精湛的木雕文化。

而“余榴梁钱币馆”的主人，更是土生土长的乌镇人，钱币收藏的大家。除著有十几部研究钱币的学术专著外，他收藏了230多个国家和地区的历代钱币26000余种，上起夏商、下至现代，绵延30个世纪，数量之多、范围之广、品种之全，在全国首屈一指。目前，这间青瓦老屋里，分批展出他的收藏精品。钱币是特殊的历史书籍，俯下身来，静静品鉴，才能领略浩瀚的钱币世界，时间有限，我们只能走马观花，概括了解一二。

沿河街道，均是青石板路面，有的地段用黑瓦覆盖，形成半封闭的廊棚，在日烈雨频的江南，给人们出行带来极大的方便，更是中国古镇独有的一举多能的建筑元素。

回到西栅景区，已是下午时分。西栅毗邻京杭大运河，由12座小岛组成，河道总长度达9000多米，70多座古桥纵横交错，5平方公里的面积内，河与桥的密度为中国古镇之最，这也是乌镇的精华所在，称得上最经典的江南水乡景色。相比东栅，西栅发展得稍晚，面积是东栅的3倍，开发理念也更为现代，打造成集休闲、观光、度假、商务为一体的历史街区。西栅大街，一条1.8公里长的老街，宽3—5米，贯穿西栅的东西，是游览的主干道。由于紧临西市河，水系交错，整条大街由多座小桥相连，又由一条条巷弄向四下延伸。据说，1966年，这条大街曾改为立新街，1981年又恢复为西栅大街。

担心迷失方向，我们没离开西栅大街，由东向西前行。沿街两侧，几乎全是清末民初的建筑，多为两层的民居，有的开设为店铺，下店上宅的格局。不同于其他古镇的商街，这里商铺的匾额装饰等，很少披红挂彩，多素面朝天，简洁雅致，保持原始的水乡市集风貌。临水的房屋，更是精巧宜人，木板为壁，粉墙黛瓦。为了利用空间，有的人家将阳台悬于河上，下面用圆木或石柱打入河中，形成情调优雅的“水阁”，上面支起阳伞，摆放桌椅，成为一道秀丽别致的风景线。如能小住几日，我倒愿意选择这类民宿，傍晚时分，闲坐水阁之上，品茶观霞，“偷得浮生半日闲”。

说到住宿，西栅服务业的管理水平，不能不让人佩服。我们虽没计划住下，却也注意观察了，这里的酒店或是民宿，外观没有特别之处，保持与古建风格一致，内部现代配置，空调、直饮水、宽带网络、卫星电视等，一应俱全。还有特别之处，就是统一管理：所有酒店和客栈，一律不许单独接客，全由管理中心负责，设置总接待台，统一调剂安排和收费。这种统一的服务

▼ 河与桥的密度为中国古镇之最，也是乌镇的精华所在，称得上最经典的江南水乡景色

方式，给客人带来了方便，游客不用挨家询问不同客房的标价，到总台便可一目了然。应该承认，这就是“互联网+”的功效，规范有序，有条不紊。沿街还有商务会馆、养生馆、酒吧等，这些高档休闲娱乐场所，能够开设在古镇里，说明有消费需求，完全是市场配置的行为。

漫步西栅大街，古朴又不失繁华，是千年古镇，还是现代都市？我恍惚在这万花筒般的世界里。

西栅的桥更有特色。街路遇水搭桥，几乎百步一桥，不但桥的数量多，

建造年代不同，建造风格也各异，单孔拱桥、三孔拱桥、折桥、平桥、双桥等等，桥上又站满拍照留影的人群，让人看了眼花缭乱。水街相依、桥屋相连、家家面水、户户枕河，即使你走遍江南水乡，这样的景致你也很难看到，更别说是如此零距离接触。

来到仁济桥边，我们停下脚步，这里应该是乌镇最美的古桥风景。半圆单孔石桥，始建年代无记载，于明代正德年间改建，几经损毁，清代同治年间复建。旧时桥下有水栅，白天开启，晚上关闭，以防盗贼夜晚进镇。桥面西侧，有方形望柱和护栏，南北桥堍各有26级台阶。仁济桥绝妙之处，是与通济桥相互成曲尺形，连通三岸并直角相连，不管你站在哪座桥下，都能透过桥洞看到另一座桥，景象别致，故有“桥里桥”之称。

西栅的古迹，首先是昭明书院。南北朝时期，南朝梁国的昭明太子萧统，随老师沈约来此读书，并建有一座书馆。后来书馆塌毁，只残存遗迹。现在书院是复

▼ 西栅街路遇水搭桥，几乎百步一桥，不但桥的数量多，建造年代不同，建造风格也各异

◀ 昭明书院正门入口立有石牌坊，明代万历年间所建，上面刻着“六朝遗胜”

◀ 买一张明信片，盖上乌镇的邮戳，寄给远方的亲友

建的，正门入口立有石牌坊，明代万历年间所建，上面刻着“六朝遗胜”，龙凤板书有“梁昭明太子同沈尚书读书处”。石牌后面是开阔的庭园，四方水池，绿荫匝地，四周古木参天。历史上，梁朝仅存55年，萧统的父皇在位48年，而萧统本人只活了31年，比他父亲还早死18年。萧统一生虽短暂，却为中国文学做出很大贡献，他编辑整理的《文选》，是我国现存最早的诗文选集，后来很长一段时间，和《古文观止》《唐宋八大家文钞》等，是古代读书人案头必备的文学读本。

西栅河南岸的“亦昌冶坊”，是明代嘉靖年间开设的铁匠坊，以铸造生铁锅著称。明清时期，依靠京杭大运河，生意特别兴旺，被朝廷定为“膳具”的“官家冶坊”。我们随人流进去参观，院子正中，摆放一口巨大的铁锅，直径5米，号称“天下第一锅”，据说是清代同治五年（1866）时，为庆祝成为“朝廷贡锅”100周年，主人为展示冶炼技术铸造而成。

再来看乌镇的邮政历史。元代有马驿和水驿之分后，乌镇便设立了水驿，驿站有固定的船只，负责传递公文。令人惊奇的是，西市河畔仍保留有老邮局，更令人惊奇的是，从清代光绪年间开办，至今仍在正常营业。我们走到近前，看到门旁挂着“乌镇西栅邮政代办分局”牌匾，游人可进去参观，买一张明信片，盖上乌镇的邮戳，寄给远方的亲友，只是不知何时能够收到。

西栅还有一座园林，名为灵水居，占地近2万平方米，明代崇祯初年所建，目前是按原样修复的。茅盾纪念堂和陵园在园林的东侧，园内明媚秀丽，曲折幽深，坐落着王会悟、孔令境、沈泽民纪念馆。我对他们略知一二，其中的王会悟，曾为中共一大做过贡献。乌镇人讲义气，没忘给这几位家乡名人开设了纪念馆。

路过“草本染色作坊”，也是游客体验式场所。晒布场用青砖铺设，立有许多木杆和阶梯式晒布架，上面晾晒各色印花布，看了介绍得知，染制用的颜料，都是从当地草木原料中提取的，如蓝色印花布，以蓝草为原浆色彩，还有从茶叶、桑树皮、乌桕树叶等中提取的。

对了，西栅还建有“木心美术馆”，由他的学生、画家陈丹青担任馆长。木心当然也是乌镇人，在他去世的前一年，曾看过建馆设计方案，喃喃自语：“风啊，水啊，一顶桥。”如今，这座修长而简约的建筑，跨元宝湖水面，与水中倒影相伴随，回应了木心先生高度概括的心语，也成为西栅宁静而清俊的另类风景线。遗憾的是，我们来到美术馆前，已到闭馆时间。落日黄昏下，这座由贝聿铭弟子设计的建筑，让我想起木心那首《从前慢》：“从前的锁也好看，钥匙精美有样子，你锁了，人家就懂了……”

沿着河道南岸，回到景区出口处，是西栅的水上集市，也称“水市口”。这里的水域宽阔，被一条木栈桥一分为二，沿河两岸的水阁里，茶馆、瓜果摊、鸡鸭鱼肉铺、小吃店等，鳞次栉比，热闹非凡。

以我所见所闻，江南的六大古镇，乌镇最惹人喜爱。因为互联网的魅力，人们蜂拥而来，来了，大家却发现，它依然古朴如初，仿佛是梦里的老家：世代传承的老屋，看不出任何修饰，似乎几百年都未曾改变，人们居住其间，享受现代社会带来的富足和便利。原以为乌镇早已现代化了，其实，它倔强地坚守着小桥流水的原始味道，完全超出你的想象。

再多说一句，乌镇的修旧如旧、传统文化挖掘、控制过度商业化、管理运作模式的选择等做法，已成为全国古镇保护性开发的成功典范，被联合国教科文组织专家誉为“乌镇模式”。

▼ 人们蜂拥而来，却发现它依然古朴如初，仿佛是梦里的老家

▶ 安昌是一座古镇，隶属绍兴市，始建于北宋年间

出师爷的地方

我对师爷的认识，主要来自影视剧里的人物，尤其《雍正王朝》里的邬先生，印象深刻。都说“天下师爷出绍兴”，的确不假，来到安昌，我算是弄明白了，原来，这一特定时期的“文人群体”，多数是从这里走出去的呀！

安昌是一座古镇，隶属绍兴市，始建于北宋年间，因战乱多次焚毁，明清时期逐渐恢复，形成的规模和格局，保持至今，仍然完好。从停车场出来，走过新建的商业街，一座仿古廊桥“涂山廊”，如安昌的门户，站在上面眺望，古镇全貌一览无余。安昌依水而建，一条碧河为中轴，全长3里多地的老街，南岸多为民居，北岸多为商市，河道上多座小桥，跨水连街，水街相汇，整个古镇浑然一体。

从廊桥下来，是老街的入口，南岸这侧的小广场上，坐落着城隍殿和古戏台，很多乡民聚在这里，进殿烧香，或在戏台前闲坐，和煦

▲ 倚河而建的古戏台，构造考究美观，歇山式顶脊，翼角飞翘

▲ 青石板铺设的路面，年代久了，表面凸凹起伏，却光可鉴人

的阳光洒了一地。

城隍殿最早建于明代晚期，现已修缮一新，殿宇高大，屋脊装饰“云龙”，飞檐翘角，气势雄伟，殿门两侧有柱联“雪趁风威，白占田园能几日；云乘雨势，黑瞒天地不多时”。刚进古镇，我们兴趣正浓，便乘兴走进殿内。正殿面宽三间，檐下左右立柱上雕有巨龙，舞爪悬空，雕功精湛。里面供奉3个神位：明代侍郎李颙、安昌街市创始之祖郑斗南、孝子陆尚质。都与安昌古镇有关——安昌濒临杭州湾，经常遭受海潮威胁，明代成化七年（1471），李颙受命修塘捍潮，赢得民众称颂，人们建此城隍殿纪念他；明代成化末年，郑斗南首创捐地为街，并于弘治二年（1489）开市，为安昌街市的繁荣发展奠定了基础，时人便将他与李颙一起供奉于此；陆尚质15岁时，为救落海的父亲，自己不幸丧生，乡人捞尸不得，故一并列入殿内纪念。安昌人的此举，一改常规，把对家乡有功的人当作神灵供奉，据我所知，全国的古镇中尚无一例。

城隍殿对面，是倚河而建的古戏台，构造考究美观，歇山式顶脊，翼角飞翘，正脊饰有吻兽，台柱镌刻对联“天地大舞台，舞台小天地”，体现了古人对世事的认知和思考。台内上方悬挂清代雍正时期的“古今鉴”匾额。平日里，这里常有戏曲票友登台娱乐，每逢重大节假日，都会举办多种形式的文艺演出，展示古镇风土人情和民俗文化。

青石板铺设的路面，年代久了，表面凸凹起伏，却光可鉴人。沿街的传统老店，铺面相连，门类多样，尤

以美食最为诱人。一路观赏，均以当地土特产为主，有的传统食品，现场制作，香飘四处。而最负盛名的，要数安昌腊肠，用猪小肠做肠衣，肉糜用猪后腿制作，灌好后挂在河边，一串串鲜红明亮，待水分吹干后，便可长时间保存。我注意观察，路边木架上晾晒的，除了传统的腊肠，还有酱鸭、鱼干等，空气中弥漫着诱人的香味，成为安昌一道独特的风景线。

每隔一段路，就有带顶棚的长廊，临街的饭店就把桌椅摆在檐下的河道边，不但遮阳挡雨，一边坐着品尝美食，一边欣赏河上穿梭的乌篷船，更有一种别无可寻的滋味。

乌篷船为绍兴所特有，因篾篷漆成黑色而得名。我对它最早的认识，来自鲁迅的笔下。安昌是绍兴原生态水乡的代表，更是乌篷船的故乡，如今，这一古老的交通工具，已成为古镇的旅游观光项目，花上几十元钱，就可在老街水道里“走”一圈儿。我们站在岸边观赏，

▼ 路边木架上晾晒的，除了传统的腊肠，还有酱鸭、鱼干等，空气中弥漫着诱人的香味

只见戴着毡帽的船公，表情严峻，一声不吭。他们用脚划桨，手则握一短桨，作为船的尾舵，蹬划起来轻松自如，而且特别省力。

绍兴千百年的乡土民俗，在安昌大都得以保存和延续。这里的老建筑，少有拆毁和翻修，而且仍有人居住，不论幽深小巷，还是深宅大院，到处晃动着当地人的身影。人们习惯性的衣食住行，成为必不可少的生活元素，日复一日，年复一年，传统习俗便一代代传承下来。

古街老店也多，几家茶馆和酒馆，虽然略加装饰，仍然有茴香豆和碗茶，恍如“咸亨酒店”再现。路过一

◀ 乌篷船为绍兴所特有，因篾篷漆成黑色而得名，戴着毡帽的船公，表情严峻，一声不吭

小酒馆，我见店主头戴毡帽，很有鲁迅书中人物的形象，便把相机对准他，对方面露愠色，朝我摆手拒绝，似乎不愿让外人随意拍照。

安昌人很会调制酱油，镇内的“仁昌酱园”，创建于清代光绪十八年（1892），以制作酱油、米醋、腐乳为主，至今仍在正常生产，销往大江南北，安昌腊肠就是用它来调味的。女婿看了我当天发的微信，说他买过“仁昌”酱油，味道还真不错。

安昌的小桥也有特色，造型各异，古朴典雅，素有“碧水贯街千万居，彩虹跨河十七桥”的美誉。其中著名的是“福禄”“万安”“如意”3座桥。古镇传统习俗里，人家嫁女儿时，都要走过这三桥，祈求富贵平安。所以，每经过一座，我也桥上桥下走一趟，心里默念着“心诚则灵”。

历史上，安昌还是绍兴西北部的商业金融中心，钱庄数量多，银行也办得较早。隔河相对，南岸这侧有“穗康钱庄”，北岸那边有“中国银行旧址”。穗康钱庄在小巷深处，一座古色古香的院落，高高的柜面，在人的头颈处，前来办事的人，估计都要仰着脖子。钱庄开创者姓於，也是安昌人，於家人从1850—1949年，在此辛勤经营近百年，如今作为展馆供人们参观，於氏的第三代传人，在这里给游客做讲解。钱庄内还陈列古钱币、上两代庄主的书画作品，可见他们不仅是商人，也是有品位的文人。钱庄的财神也特别，左手托3个叠放的元宝，右手握拳平举于右胸，衣着上红下蓝，面带微笑，端坐于太师椅上，一副和气生财的模样。

▼ 安昌的小桥也有特色，造型各异，古朴典雅

从穗康钱庄出来，我们过桥来到“中国银行旧址”前。银行开办于1933年，民国时期的建筑风格。走进里面，一个高大的柜台，柜台内设置桌椅，上面摆放着账簿、台灯、算盘、电风扇等用品，靠墙而立的旧橱旁，一座老挂钟和老式电话机，据里面的工作人员讲，这里最大程度还原了当时的场景。

▲“绍兴师爷博物馆”是典型的清代江南民居，原为清代师爷娄心田的故居

走到河道尽头，终于看到“绍兴师爷博物馆”。典型的清代江南民居，原为清代师爷娄心田的故居，门斗简朴，庭院幽深，三进的重檐楼房，中间两个天井，封火山墙较高，符合师爷隐居幕后、不事张扬的禀性。明清两代，官员们大都聘请文人学士，称为幕僚，帮助出谋划策、参与机要、办理各类事务等。他们在官府里很受尊重，官员尊其“老夫子”，衙役则叫“师老爷”，后来逐渐统称“师爷”。

这座微型博物馆，是全国唯一以师爷文化为主体的展馆。进门第一进，是“斯干堂”，二进为“秩斯堂”，三进辟为“鉴知讲堂”，详细还原和展示了“绍兴师爷”的真实面貌。“无绍不成衙”，特别是到了清代，绍兴人几乎垄断了全国各地的“幕业”，各地的官员们，一般都要聘请若干绍兴师爷，帮助处理各项公务。绍兴师爷如此“抢手”，是由中国封建社会发展到晚期，其特殊的政治文化背景所决定的，也与这个特殊群体的品行和能力分不开。也许是兴趣使然，我们并不着急，在展厅里仔细浏览，详细了解独特的“师爷文化”。

首先，就其师爷的“行为准则”，也是这一行业的“幕道”，足以窥见他们的人格魅力：尽心尽力、立品洁身、仁恕求生、不合则去。用当代词语概括，即是忠诚、干净、担当、心正。清代官员所聘，以刑名师爷、钱谷师爷居多，所以在诸如刑事审问中，师爷以情融法，细心推敲，以免冤案，对案件的最后裁决至关重要。师爷的人格独立，与幕主合则留，不合则去，决不迁就私见。

培养师爷，并非易事，所谓“千人学幕，成者不过百人；百人就幕，入幕者不过数十人”。各种类型的绍兴师爷，都要熟稔一定的专业知识和技术，“学幕”过程，要经历拜师、学习、谋馆等诸多环节，无深厚的修养根基，干脆就别想吃这碗饭。

聘请师爷，也是马虎不得的重要环节。绍兴师爷名气大了，导致不少官员聘用时，也要特别注重“品牌”，以防“假冒伪劣”。据说在选聘环节，要经过笔试、面试，而最后的关卡，是请应聘者吃饭，除普通的菜肴外，还有“臭三样”：臭豆腐、霉千张、霉菜梗。席间不吃者，一律被淘汰。因为，只有吃了这“臭三样”，才是正宗的绍兴人，才可能是真正的“绍兴师爷”。

清代200多年间，从安昌走出的师爷，据说不下1万人。今天，古镇河道两岸，还遗存众多的师爷故居。端详这里的居民，一个个看似普通，举止悠闲，表情冷峻，甚至有些木讷，我心里暗念：可不敢小觑他们，说不定哪位的祖上，曾在某个大衙门口里高就过呢。

▶ 据说师爷选聘环节，要经过笔试、面试，而最后的关卡，是请应聘者吃“臭三样”

孙权故里

对，就是三国时期东吴的孙权，他的故里名为“龙门”，在杭州西南50公里处，富春江的南岸。

龙门是一个古村。据《孙氏宗谱》记载：孙权逝世几百年后，宋代初期，他的26世后裔迁居至此，繁衍生息，延续六十几代，距今超过千年。龙门景致秀美，村后有龙门山，峰峦重叠，气象万千，引得历代文人墨客前来玩赏。相传东汉名士严子陵曾到此一游，观山势奇异，赞叹“此地山清水秀，胜似吕梁龙门”，村民便将“龙门”冠以村名，一直沿用至今。

我们从安昌过来，已经是下午，龙门融在暖暖的阳光里，气息温馨祥和。今天的古村人，90%以上仍姓孙，达到2000多户，7000余口。一个家族，不离不弃，竟然在此生活了千余年，今天看来，简直不可思议。中国古代社会，除了皇恩浩荡，宗族的凝聚，血脉的相传，应是唯此为大。科举入仕，外出去做官，毕竟是极少数，而绝大多数族人，全都固守在家乡，耕读之余，传宗接代。如果不是亲临其境，有谁能相信还有这样的家族。

一座高高的石牌坊，耸立在村子入口处， 上面镌刻“龙门”两个大字，虽为近年的建筑，气势不减当年的威风。从龙门山瀑布下来的龙门溪，汩汩流入村内，清冽可鉴，进了村，明显感到凉爽怡人。村内巷道也特别，路面用卵石铺设，年代久了，虽光滑平坦，走在上面，脚底下是硬邦邦的感觉。

龙门村是我国古代宗族聚居形态的典型之一，以孙氏家族厅堂为代表，仍保留大量的古建筑。千余年来，随着孙氏家族的繁衍昌炽，逐渐

◀ 村内巷道路面用卵石铺设，虽光滑平坦，走在上面，脚底下是硬邦邦的感觉

形成了“以厅堂为中心的厅屋组合院落”。从厅堂的建筑形式看，有“井”字形与“回”字形两种，厅堂四周为本房成员住宅，以高墙相围，形成封闭式院落。

也许是让后代饮水思源，不忘祖先，离村口最近处就是孙权第27世孙孙治所建的宗祠：思源堂——孙氏家族在龙门最早的宗祠。祠堂三间三弄，前面门厅，中间天井，左右走廊墙壁挂着孙氏子孙的族谱，名医孙思邈、中国民主革命先驱孙中山等人，都可在族谱里找到。思源堂建造得匆忙，梁柱构造比较简单，也无任何雕饰，反倒显得庄重肃穆。

从思源堂出来，是龙门老街，南北绵延近千米，宽度2—3米，路面仍是清一色的鹅卵石。路旁店铺林立，多为清末民初的老屋改造而成，一串串大红灯笼，一面面彩色招牌旗，呈现出山乡古街市的独特韵味，也给静谧的古村增添了热闹的氛围。这些临街小店各有特色，如根雕坊、匠心工坊、休闲驿站、孙权面筋店等，从门前经过的游人，都会停下脚步，把玩欣赏一番，然后就慷慨掏钱购买。小吃摊前，经不住香味诱惑的人，非要品尝后才能迈动脚步。

沿着这条老街，往村子深处走，房屋愈加密布，

◀ 离村口最近处就是孙权第27世孙孙治所建的宗祠：思源堂——孙氏家族在龙门最早的宗祠

巷道幽深，墙檐相连，庭院内宁静无息，一条条卵石小路，串联起诸多古厅堂，也是一个显赫家族的历史轨迹。明代以来，龙门村曾建有60余座厅堂，现在尚存30余座。

▲ 清代咸丰年间，承恩堂遭焚毁，清末民初，孙氏后裔集资重建，“工部”牌楼保留至今

承恩堂，孙权第41世孙孙坤的儿子帷和公所建。孙坤是明代永乐朝的工部都水清吏司主事，负责督造多艘巨船，为郑和下西洋立下功劳（今天看来，也是海上古丝绸之路的功臣之一），后因积劳成疾卒于任上。明代洪熙元年（1425），仁宗皇帝下旨，对其“褒封三代”。帷和公不忘先父之德，感念皇恩，报经朝廷恩准，于明代正统十四年（1449）建造了这座承恩堂，并在堂前设立“工部”牌楼。清代咸丰年间，承恩堂遭焚毁，清末民初，孙氏后裔集资重建，“工部”牌楼则一直保留至今。承恩堂内部无特别之处，中央有一巨大的古船模型，让人想起那遥远的年代。“工部”牌楼上，除了题有“工部”，还有“冬官第”字样。明代朝廷设六部，吏部、户部、礼部、兵部、刑部、工部，分别叫天官、地官、春官、夏官、秋官、冬官，工部，依序也

叫冬官。

走到村中心位置，这里立有一座“义门”，明代嘉靖年间的建筑，砖砌的门楼，两层飞檐造型，颇为壮观。义门是为褒扬孙潮所建，他是孙权的第38世孙，经商有道，为一方首富，虽家财万贯，本人却粗衣淡饭，乐善好施。当时龙门闹灾荒，民不聊生，孙潮不仅代全村缴纳了皇粮，还捐献稻谷救助灾民。知县将他的事迹呈报皇上，得到朝廷褒奖，赠予“义民”匾额，并建

▼ 义门是为褒扬孙潮所建，他是孙权的第38世孙，经商有道，为一方首富，虽家财万贯，却粗衣淡饭，乐善好施

了这座牌楼。后来，孙氏后裔又在义门旁建了“积善堂”，颂扬先辈美德，铭记他们的助人义举。义门的另侧，还有一座“世德堂”，明末清初的建筑，孙权的第44世孙孙念阳为纪念其先祖而建，以弘扬世代重视道德修养的品德，体现了孙氏家风文化的传承。孙念阳也是一位“善人”，他经商致富，热心公益事业，造福全村人。世德堂有三房，即华房、国房、儒房，堂匾为“华国儒宗”，为时任县令所书。陈逸飞拍摄电影《理发师》时，曾在世德堂门前取过外景。

龙门村的古民居，大都环绕众多厅堂修筑，一座厅堂即为一房或一支系的祠堂，形成孙氏总族下的分支居住形式。村内的商铺，基本集中在刚进村的那条老街上，村内再无任何商业色彩，在我们眼前呈现的，是难得的淳朴闲适的生活状态。卵石铺就的小路和墙垣，承载着历史的沧桑，把远古的韵味延续到今天。

村里没有明显的路标，走过几条街巷，终于找到了“百步厅”。百步厅即“光裕堂”，清代中期，由孙权第52世孙孙成章所建。光裕堂分前、中、后3部分，正厅前檐为九间宽的长廊，从东往西约百步，故称“百步厅”。长廊前的天井，宽敞大气，铺满了鹅卵石，又被称为“敞厅”。光裕堂内，空余一块堂匾，以及梁柱间的木雕，再别无他物，好在长廊结构尚存，建筑面貌依旧，足以让人驻足，直面历史的容颜。

以前百步厅的周边，还有百花厅、子孙厅等，构成“井”字形建筑群，是龙门古建筑特色的典范，如今仅存百花厅。百花厅为“素怀堂”，因梁柱、窗棂、雀替等处均雕刻各种花卉，寓百花齐放之意，故称百花厅。如今，已不见雕花之精美，堂匾下有一副柱联，我随手抄了下来，以增强记忆，“七宝精雕艳余厅事，百花齐放舒我素怀”。

村里还保留庆余堂、明哲堂、耕读堂、迎曦堂、孝友堂、慎修堂、山乐堂、诚德堂等，我们知道，短时间不能全都走遍，只能留遗憾于此，祈愿它们留世更长久。

离开龙门的路上，我还在想，多亏有了这个古村落，让来这里的人们切身感受到了历史的真实，以后再翻看《三国演义》，也许会多了几分亲切感。

抟云塔

▼ 直插云霄的砖塔，塔下是文昌阁和土地祠，高低错落，布局有序

浙江省的古村落，大多建于南宋在杭州建都以后，新叶村便是其中之一。南宋嘉定十二年（1219），叶氏一族在此落脚，因村后是玉华山，他们便自称玉华叶氏，经过800年的繁衍生息，直至今天，仍是全国最大的叶姓聚居村落。

在村口刚下车，一组古建筑就吸引了我们的眼球：一座直插云霄的砖塔，塔下是文昌阁和土地祠，高低错落，布局有序。塔名为抟云塔，取《庄子》“抟扶摇而上者九万里”之意，历时8年，于明代万历年间建成，塔身无任何雕饰，却愈加显得秀丽端庄，村人称它为“文峰塔”；清代同治年间，在旁边建了一座文昌阁，阁内为古代私塾布置，中堂挂着孔子画像，同为祈福文运之意；后来挨着文昌阁又建了土地祠，里面供奉“地母娘娘”等，以祈求风调雨顺，丰衣足食。塔、阁、祠的完美和谐组合，在江南难得一见，反映了在那遥远的农耕时代里，叶氏家族耕读传家的理想和追求。

▲ 新叶村的选址，颇有中国传统风水理念味道

没等进村，便让人有了肃然敬佩之感。

新叶村的选址，颇有中国传统风水理念味道。村子正西，是秀丽的玉华山，村民奉其为祖山，北面的道峰山，则奉为朝山，村落和祖山、朝山相对，正好形成三角形；村落坐南朝北，与通常“坐北朝南”相反，却应和了“三阳照吉地”，即村落和祖山、朝山，从晨至暮，终日沐浴在“三阳”之下；而村落的水源来自西北，从祖山和朝山流下，汇集在村东南流出，正是“山起西北，水聚东南”的好风水。村落位置和朝向确定后，玉华叶氏的先祖们，先在村外西山岗建造了祖庙——“西山祠堂”，又在村内建了总祠——“有序堂”，之后，族人便围绕有序堂，逐渐建起房宅院落，

成为新叶村最初的雏形。如今，除了200多幢完好的古民居，村落还保留有12座祠堂，被誉为“中国明清建筑露天博物馆”。

往村里走，先要经过“耕读人家”牌坊。沿石板路没行多远，迎面是一座“进士第”，清代时期的建筑，门楼和宅第都在，主人是康熙三十年（1691）进士。说到古时的科举，新叶村很没面子，除此人科举入仕，之后再无建树。尽管如此，叶氏族人始终没有放弃“耕可富家，读可荣身”的传统思想，他们通过开办书院、私塾、义学和官学堂等方式培养族中子弟，将仕途作为光耀家族的终极目标。据《玉华叶氏宗谱》记载，为鼓励族中子弟获取功名，族内设立多种奖励形式，如赶考发给盘缠，考中功名分级奖赏，并且载入宗谱，还要在所属分祠堂前立抱鼓石，等等。走在今天的村子里，仍可见许多街巷的路中间，由宽大的石板连接而成，通往当年所有的学校，为了让读书人“足不涉泥，雨不湿靴”。由此可见叶氏家族的良苦用心和当时读书人的地位。

家族祠堂，最能反映一个宗族的综合面貌。我们先要寻找的，当然是有序堂——玉华叶氏家族的总祠。

新叶村的建筑群，以五行九宫格图布局，街巷密布，狭窄幽深，纵横交错。两侧的白粉墙，高而封闭，围成无数个独立院落，构成古老神秘的民居立体图像。走在其间，我们不担心迷失，信马由缰，边走边拍照，正是求之不得的闲散心境。

有序堂在南塘旁边。村里有若干水塘，南塘是其中最大的一座，位于村子中心位置，呈半月形，碧绿深邃，四周连接多条小巷，从小巷乍一走在塘前，偌大的水面让人眼前豁然一亮。南塘的对面，可见远处一座孤峰，名为道峰山。有序堂深而不露，藏在“道峰会秀”门楼里面，从门楼进去，又是一条窄巷，堂门开在巷子左侧。这座清代嘉庆年间的建筑，是在明代的基础上扩建而成，前后三进，厅内方砖铺地，前厅朝向天井，里面的木梁石柱等，均是清代遗留的原物，斑驳的光影中，越发古朴沧桑。厅里还保留一个小戏台，整体为木结构，周围台板的上面，雕刻着众多戏曲人物，工艺精湛，栩栩如生。戏台上有两副楹联，玩味一番，我将其抄了下来：“曲是曲也，曲尽人情，愈曲愈明；戏是戏也，戏推物理，越戏越真”。“文中有戏，戏中有文，识文者看文，不识文者看戏；音里藏调，调里藏音，懂调者听调，不懂调者听音”。浅显易懂，看似调侃，却蕴含着一定的人生哲理。

南塘两侧，几条幽深的街巷呈放射状地伸展出去，随地势曲折蜿蜒，一排排徽派式样的老屋，高低错落排列，在水面上晃动着身影。新叶村祠堂数量多，各分祠年代不同，却等级分明，基本都建在有序堂的四周。我们随意走进几座，概以窥视全貌。

首先看到双美堂。此堂并非家族祠堂，主人是当时村中的乡绅。民国初年的建筑，坐南面北，由正房、侧房、前后花园组成，是典型的徽派建筑。踏台阶入堂内，4根粗柱擎起的天井，上面分别雕刻“福、寿、康、宁”4个大字。再往里是正堂，两侧为搭厢，最后面是小花园，设有精致的美人靠。双美堂的精彩之处，是满堂的木雕工艺，所有梁、柱、雀替等处，甚至窗棂、滴水之上，全都是精美绝伦的木雕，抬头仰看，让人眼花缭乱。其中的人物雕刻，不仅面部表情逼真，甚至身着的服饰似乎也能飘动，绝对是精美绝伦的艺术珍品。

▶ 有序堂深而不露，藏在“道峰会秀”门楼里面

▶ 双美堂是民国初年的建筑，坐南面北，由正房、侧房、前后花园组成，是典型的徽派建筑

▲ 我所走过的古村落中，像新叶村这样，每座祠堂里都刻满木雕，而且光彩夺目的，还真没有遇见过

崇仁堂由叶氏八世祖建造，始建于明代宣德年间，清代康熙年间重修，是叶氏长房崇仁派的分祠。虽然是分祠，却是全村规模最大、最为华丽的祠堂，甚至超过祖庙西山祠堂和总祠有序堂。一般的祠堂只有两进或三进，而崇仁堂则是四进，总进深达60多米，充满纵深空间的神秘感，在中国古建筑中极为少见。堂门前有半月形的风水池，门上悬挂“东谷遗芳”匾额。第一进为中厅，明显的清代风格，雕梁画栋，庄严肃穆，左侧悬挂一块“法学士”匾额，是民国时期驻日大使为叶氏族人在日本留学获“法学位”所题。第二进是上厅，主要用于家族议事，正上方悬挂“崇仁堂”匾额。第三进是家法厅，里面的两侧各有天井，为日井和月井。第四进是祭厅，用于供奉祖先牌位，同时设有两个水牢，族人如犯大错，则关押在此，面对祖宗牌位思过。关于三进的家法厅，还有一则传闻：崇仁堂建造之初，就采用了“公堂式”格局，族人发生重大矛盾，不能外出打官司，要按家规和家训，到崇仁堂来解决，所以，这里相当于小公堂，主持家族内部秩序。在当时，“私设公堂”是株连九族的重罪，不能悬挂“明镜高悬”匾额，建造者很聪明，设置了日月两个天井，代表明镜的明，天井的水如同镜子，以此表达“明镜高悬”的意境。如今的崇仁堂，已辟为“家族族规”展示馆，供游人参观游览。

新叶村的家族祠堂，除了祭祀祖先外，还有很多其他功能。比如议事厅，是宗族执行私法的地方，也是举行重要礼仪的场所，因此，为了光耀家族的兴旺，不惜重金修饰，单看大量的精美木雕，就让我们当代人瞠目结舌，赞叹不已。那些梁、枋、斗拱等处，人物、灵兽、百鸟、回纹等木雕，布局严谨，造型优美，工艺精湛。我注意到，横梁上的图雕，以戏剧人物居多，这些人物雕刻不但面部表情逼真，连眼角、手指等细微处，也加工得惟妙惟肖。我所走过的古村落中，虽说祠堂里也有木雕，但像新叶村这样，每座祠堂里都刻满木雕，而且光彩夺目的，还真没有遇见过。

叶氏后人不愿拆掉祖屋，因此，新叶村的格局和古建筑得以保存较好，不同时期的建筑成为记录历史进程最清晰的印记。玉华叶氏一族，从南宋时期到此定居，历经元、明、清、民国而延续至今，避开战乱和灾祸，始终保持着血缘的传承，繁衍为如今生机勃勃的族系，也是中华民族生生不息的一个可触摸的例证。

最后，终于来到西山祠堂前。这座玉华叶氏的祖庙，始建于元代，清代康熙九年（1670）重建，三进格局，东侧有套院，廊庑环绕。正厅名为万萃堂，气度恢宏，梁柱等用材粗大，仍然可见明代的简朴风格。正厅的上方，悬挂着始祖画像，四周挂满了条幅，为各地前来拜谒的叶姓人氏留下的墨迹。我看到“古村古巷古色古香”的条幅，落款人是叶辛，于是便问旁边的管理人员：“是上海的那个叶辛吗？”长相憨厚的她，冲我点着头，又补充一句：“就是写《蹉跎岁月》那个人。”

离开新叶村，走出了很远，回头一望，唯见抟云塔，高高矗立在蓝天之下。

▼万萃堂，气度恢宏，梁柱等用材粗大，仍然可见明代的简朴风格

诸葛八卦村

《三国演义》我读过多遍，电视剧里，唐国强的扮相又足可乱真，所以，在村口下了车，我开始下意识地担心：如果遇见诸葛亮，我们该和他说点啥?

诸葛村原名高隆村，位于兰溪市西部的群山之中，是诸葛亮后裔最大的聚居地。诸葛亮原籍琅邪阳都（在今山东沂南南），昔年蜀国的旧都距离此地更是有千里之遥，后代何以选择兰溪来定居？据史料考证，诸葛亮第14世孙曾任寿昌（现为建德市寿昌镇）县令，其儿子于宋代天禧年间迁居兰溪。元代中期，第27世孙又举家迁至高隆，从

◀ 诸葛村原名高隆村，位于兰溪市西部的群山之中

一户王姓人家的手中买下这块宝地，以先祖诸葛亮九宫八卦阵的布局，开始建造自己的家园。从此，诸葛亮后裔便聚族于此，繁衍生息，到了明代后期，已形成一个规模庞大的村落。如今，诸葛村有近千户居民，5000多口人，多为诸葛亮嫡传后裔。

进村后，首先看到的是“丞相祠堂”，立在北侧山坡之下，毫无疑问，是为纪念诸葛亮而修建的。祠堂坐东朝西，正对着大路，让我们外乡人奇怪的是，正门前有一堵墙，进出要走两侧小门。据说，从风水学上来讲，祠堂前低后高，呈伏虎形，正门恰如虎口，而住在对面的住户，是当年卖地的王姓人家，诸葛后人为报答其恩情，便筑起围墙挡住虎口。这一遥远的传说，我确信为真，此等善举，唯有仁厚的诸葛氏族才能做到。随后，怀着涌动的崇敬之心，我们走进这座明代万历年间的建筑。

“丞相祠堂”，也是高隆诸葛氏族的宗祠，是用于供奉先祖和祭祀的场所。巨幅的“丞相祠堂”匾额，白底黑字，高悬于门厅上方。整座建筑按“回”字形布局，由门厅、中庭、庑廊、享堂和钟鼓楼组成，古朴浑厚，气势非凡。中庭最为精彩，为歇山顶敞厅，面阔五开间，进深三开间，空间高大，中间4根合抱大柱，用松、柏、桐、椿4种木料制成，取“松柏同春”之意，

◀ “丞相祠堂”，也是高隆诸葛氏族的宗祠，是用于供奉先祖和祭祀的场所

祈求家族世代兴旺。中庭两侧是庑廊，拾级而上，各有钟楼、鼓楼分列。最后是享堂，“万世景仰”的巨型匾额，悬挂于正上方，下面是诸葛亮塑像，高约2米，两边分立诸葛瞻、诸葛尚及关兴、张苞，造像英姿威武，气韵生动。最让我们惊叹的是，祠堂里的梁柱上，刻满木雕图案，多为蜀国英雄人物造型，形象生动，工艺精细，而且保存得极为完好——我猜想，一代良相，苍天护佑，估计无人敢动。

出了“丞相祠堂”，沿路往村里走，很快就看到了“钟池”，来到这里，该说说八卦村的奥秘了。所谓“钟池”，是一口形状奇异的方塘，一半水一半地，似同一幅太极图案，池中和地面上，又各有一口水井，如太极中的鱼眼，甚为奇妙。诸葛村地势如锅底，四周渐高，中间低平，水聚于此，天然形成池塘，加之有井水注入，因而从未干涸。钟池位置是古村原来的中心，8条巷弄由此向外辐射，似通非通，似连非连，如同八卦布局。巧的是，村外恰有8座山丘，形成环抱之势，呈外八卦态势——从而构成诸葛八卦村的基本格局。

水池旁有人在盥洗衣物，可见古老的钟池仍在使用。我围绕水池拍照，走到北侧，路旁一座古门楼吸引了我的目光，透过门楼，“忠”“武”两个巨大的墨字，书写在两侧粉墙上面。跟随着目光的指引，我们穿过门楼，来到那面粉墙的建筑物前。

从外观看，这座建筑规模不大，却气度恢宏。牌楼式的大门，飞阁重檐，方形门柱，黑漆板门，门上的正中，一块白底黑字横匾，为“敕旌尚义之门”，匾额上面，悬挂盘龙“圣旨”立匾。门上挂有说明：此建筑为“大公堂”，始建于元代，是江南唯一的诸葛亮纪念堂，门楼顶部的“圣旨”匾，是明代英宗皇帝于正统四年（1439）所赐，表彰当时的诸葛亮后裔赈灾捐谷千余石的义举。由于诸葛亮曾被谥为“忠武侯”，所以大门左右粉墙上便有了“忠”“武”两个墨字。早些年，我曾到过成都的武侯祠，但那毕竟是君臣合祀祠庙，而眼前的这座，却是单独纪念诸葛亮的纪念堂，我们当然要进去朝拜。“大公堂”内部，五进三开间格局，中厅正中上方，悬挂有隶书体的“大公堂”横匾，两侧是“六经以来有二表，三代面下仅一人”对联，太师壁上书写着诸葛亮的《诫子书》，为诸葛家族世世代代的族训，其中的“非淡泊无以明志，非宁静无以致远”，更是中国历代读书人熟知的格言。两侧墙壁上挂满绘制的图文表，我大体浏览一下，有《诸葛世族直系表》《高隆八

▼“忠”“武”两个巨大的墨字，书写在两侧粉墙上面

◀“大公堂”，始建于元代，是江南唯一的诸葛亮纪念堂

景图》《诸葛亮故事图》等。走到后进，正中悬挂诸葛亮的画像，两旁放置太师椅，是过去族长召集族人议事之地。每年的公历4月14日（诸葛亮的诞辰）和10月8日（诸葛亮的忌辰），村里诸葛家族的成员，都要在大公堂举行隆重的祭祖仪式，传承至今，令人敬佩。

几百年来，村里人口不断增多，房屋越建越稠密，但村子总体布局始终没变，基本围绕着8条巷弄，逐步向处扩延，从而又形成更多的小巷，纵横交错，星罗棋布。据统计，目前全村共存有明清两代200余间老屋，全都散落在这些巷弄之中。不同年代的古民居，虽然面貌各异，却都有明显的诸葛村特色，其中，重点保护的“民居”最具代表性。从大公堂出来，西侧就有这样的一座“民居”，普通的硬山顶，徽式的马头墙，砖雕的门楼，看了墙上的标牌说明，我大吃一惊，竟然是明代末年的建筑，脚下便小心翼翼了。老屋为前厅后堂楼建筑，二进两明堂结构，这是江南民宅中唯诸葛村所独有的制式。一进是敞开式大厅，宽阔明亮，八仙桌、太师椅俱全，看屋顶粗硕的月梁，便知是明代风格，雀替等处的木雕，仍然清晰精致。大厅两侧有厢房，绕过太师壁，是过渡性的天井，几级石阶之上，为后进的堂楼，也是生活起居场所。屋内有人居住，不便打扰，我们粗略浏览便离开了。据高隆诸葛氏宗谱记载，与这座民居同年同月同日同时辰奠基，而且格局一致的，村里共有4座，也是诸葛村当年最高档的建筑，现在均保存完好。随缘而遇，我们没刻意去寻找，顺着钟池的南岸，走进一条陡坡的巷弄。

由于巷内是坡地，房屋高低错落，层层石阶，显得层次分明。两侧房屋的规模和历史，虽不及刚才的“民居”，却也“别有洞天”。几乎所有的人家，都特别注重门楼装饰，磨砖雕花，披檐木门，有明快的，也有华丽的，简繁多样，很平常的白墙黑瓦，因为门楼的点缀，让人看了赏心悦目。有的大门还包着铁皮，钉着铜钉，估计是当年的富裕人家。而且，每家都贴门联，而且组词不凡，我记下了两副“诸葛大名垂宇宙，孔明后裔承祖训”“慈竹当风空有影，晚萱经雨仍留芳”。不经意间，我们走进一条窄巷，发现个有趣现象：对面的两户人家，房门相错，无一例外。问了村人才得知，这叫“门不当，户不对”，避免每天交往过多，抬头不见低头见，产生没必要的麻烦。我想，只有诸葛亮的后代，才会用如此简单的办法，来消除麻烦隐患，增进邻里之间的和睦相处。

相传，诸葛亮当年有“不为良相，便为良医”的族训，高隆诸葛后裔这一支系，有先祖作为千古第一良相，自知无法逾越，所以从明代时期起，他们便专研中医药业，所配制的良药，通过在各地广设药店等，行销大江南北。据清代光绪年间的《兰溪县志》记载，全兰溪的中药行业，有三分之二为诸葛族人所经营。财富增多便可安居乐业，也使得家族人丁逐渐兴旺，今天的诸葛村里，有十几个药店为四

▶ 环塘四周，复古式的店铺，鳞次栉比，整齐地排列

代以上的中药世家，“天一堂”“大经堂”和“寿春堂”为其中的翘楚。

在一条巷子的尽头，我们先看到了“天一堂”。

“天一堂”，浙江省著名的百年老字号药店，开办于清代同治年间，创始人是诸葛亮第47代后裔。他原是国学生，钦加五品，后来弃儒经商，致力于中药研制和经营，恪守“道地药材”“货真价实”“童叟无欺”的经营者之道。从堂门的“余地辟三弓，何必羡金谷繁华，争奇斗艳；存心唯一点，务须追杏林至德，救死扶伤”楹联上，便可读出诸葛后人们的医德和品性。据说，“天一堂”的“全鹿丸”“诸葛行军散”“卧龙丹”，皆按古方精制而成，疗效显著，为当年家藏必备良药。

“天一堂”的旧址，原建筑大部分已遭毁，后花园却保存下来，如今辟为“百草园”，走进去，可观赏种植的几百种中草药，为中药材的活标本园。园内新建了廊道和亭台，俨然一座赏心悦目的花园。这里是村子的高地，站在仿古亭里，可俯瞰诸葛村的全貌。

从“百草园”下来，是“上塘古商业街”。一方偌大的长条形水塘，环塘四周，复古式的店铺，鳞次栉比，整齐地排列着：万源庄、永裕号、永泰昌、义生昌、笔耘轩……可以看得出，都是老字号的招牌。店面多为二层，推拉式排门，卸下门板，铺面完全敞开，一目了然。我们兴致渐浓，逐一漫步浏览，觉得最有味道的，还是几家中药

▲ “大经堂”也在水塘附近，经过修缮，基本恢复了过去的面貌，如今开设为“中药业馆”

店，老式的柜台，屋内设有座椅，满满温馨怡人的气氛。游览许久有点累了，想要坐下来，细细地品味，于是我们走进一间咖啡小店，买了两杯“拿铁”，呷了一口，味道挺纯正。历史上，诸葛村属几地交界处，道路畅通，过往商贾较多，村人便陆续开设了饭店、茶馆等，为行人过客提供服务，久而久之，形成内容丰富的商业街，清代中期达到了鼎盛。史料记载，原古商业街为环形，内外两圈，外圈在陆地上，多是药店、当铺、杂货店等，内圈是环塘的水阁楼，搭建在靠岸的水面上，上下两层，临水有平台，全部是木结构，多是酒楼、茶馆等。1958年，水塘被填平，水阁楼也被拆除，商业街也随之消失。直到2000年，诸葛村开始复原，重新挖出这片水塘，整修岸畔和路面，复建四周古店铺，部分恢复了原来的面貌。今天，我等前来游览的人们，眼观实景，结合史料的相关记载，或许能想象出当年的商贸盛况。

在水塘的北岸，我们看到了“寿春堂”，虽是近年修复的建筑，仍能显示出老药店的韵味。正门面水，青砖石门，走进去，是二进二明堂结构，右边摆放药柜，架上满是药瓶，里面盛装各种中药液，墙上是介绍各种丸、膏、丹、散等功效的图板。堂楣处挂着“寿春堂”匾额，两旁立柱上的楹联，读起来让人很有感慨：“但愿世上人无病，何愁架上药生尘”。后堂是过去的作坊，现在布置为小展厅，一些中药配制加工的程序，铜锅、药臼、药磨、药刀等工具，还有收集来的药用器具，如明代的石药碾、药坛，清代的药碗、钱秤、药匙、药壶等。如果对中药行业陌生，通过粗略的浏览，可以留下一个大概的印象。

“大经堂”也在水塘附近，明代后期的建筑，经过修缮，基本恢复了过去的面貌，如今开设为“中药业馆”，集中展示高隆诸葛家族中医药业的成就。大经堂比寿春堂规模稍大，几级台阶之上，苏式砖雕的门头，为三进二明堂结构。兰溪以前有句民谚“徽州人识宝，诸葛人识草”，说明诸葛族人中医药业的历史渊源。他们从明清时代起，研读药书，采集并制作，以父传子，以亲带邻，形成独特的诸葛药业文化。前厅“大经堂”匾额下，一副“妙手仁心书大爱，悬壶济世铸医魂”对联，是对诸葛族人医药传家精神的最好写照。馆中的后厅里，还展示有药用动物标本，多达几百种，包括羚羊、玳瑁等，对我们来说，可谓少见多怪，大大开了眼界。

▼ 一条窄窄的小巷，墙脚和路面长满苔藓

除了丞相祠堂和大公堂，村内还遗有大量明清建筑，如一颗颗璀璨的明珠，散落在古村每个角落，“雍睦堂”便是其中的精品。一条窄窄的小巷，墙脚和路面长满苔藓，蹑手蹑脚穿过去，是一块小广场，有农妇在晾晒霉干菜，多次吃过“梅菜扣肉”，用的想必就是这种食材吧。两侧是保存完好的“楼上厅”民宅，雍睦堂就坐落在这里。这座明代正德年间的建筑，为诸葛亮第32世孙所建，清代嘉庆年间大规模修缮，1943年又予以重修，新中国成立后由村生产队使用，因而免遭毁坏，1995年恢复原貌，保存至今。外观看，雍睦堂气度恢宏，苏式砖雕大门，三层石牌楼造型，镶嵌雕刻图案，精美华丽，檐下砖砌斗拱，轮廓灵动，中间匾刻“进

▶ 一块小广场，有农妇在晾晒霉干菜，多次吃过“梅菜扣肉”，用的想必就是这种食材吧

▶ 雍睦堂气度恢宏，苏式砖雕大门，中间匾刻“进士”二字

士”二字，顶部竖一石葫芦，里面插着方天画戟。走进里面，共有三进，全部布置为蜡像馆，展示诸葛亮后裔秉承祖训、躬耕取仕的传家精神。

诸葛亮，字孔明，国人非常熟知的历史人物，杰出的政治家、军事家，他那宁静淡泊的情操，鞠躬尽瘁的精神，深受后世称颂，被誉为贤相的典范、智慧的化身，其《出师表》《诫子书》，不知被历代多少人所铭记。诸葛亮的伟业不必赘述，单说他独创的孔明灯、孔明锁，其工艺也一直流传至今。我们看到路边有家店铺，标明专门制作孔明锁，便走进去参观，听说店主就是诸葛亮的第51世孙。

历史脚步虽然走过近2000年，今天来诸葛村一游，让我们近距离感受到，诸葛亮的英名不散，历史价值不朽。“淡泊明志”，“宁静致远”，他所留下的这两句名言，被当今多少人挂置家中，作为人生追求的精神境界。如果你有幸能来到诸葛村，宁静的山村，淳朴的乡民，优哉的生活，一定会令你对此有更深的感悟。

1996年，诸葛八卦村被列为国家级重点文物保护单位。从此，这个藏匿偏僻山地的古村落，逐渐走进了人们的视野。

走在诸葛村中，所见村人，均儒雅有礼，向他们询问，都耐心答复，虽然很难听懂对方的带有方言口音的普通话，我们还是频频点头，表达谢意。

▲ 俞源村，俞姓之源头，目前全国最大的俞氏家族聚居村

太极星象村

俞源村，顾名思义，俞姓之源头，是目前全国最大的俞氏家族聚居村。另外，该村还有一个“太极星象村”的称谓，说来颇有传奇色彩。

追根溯源，俞源村的始祖应该是俞德。相传南宋时，他在松阳任教谕期间过世，儿子护送他的灵柩回杭州老家，路过这里投宿，第二天发现，停放溪边的灵柩被紫藤缠绕起来，儿子认定这里是父亲安息之地，便置地葬父，在此守墓期间，娶妻生子定居下来。元末明初，到了第五代的俞涞，人丁开始兴旺，家族势力也逐渐壮大。俞涞少时与刘伯温同窗，感情甚笃，而他的这位学友，就是后来辅佐朱元璋打天下的那个“国师”。元代至正九年（1349），刘伯温来看望俞涞，其人精通堪舆学，见俞源村旱涝不断，瘟疫流行，民不聊生，建议将村东口的直溪改为曲溪，呈“S”太极图形，并按北斗七星布局，开凿7口水塘补充，与周围12道山岗，形成黄道十二宫，这样就能把村中的瑞气留住。房屋按照二十八宿布局建造，同时，要在村子四周山坡上植树，涵养水源，减少旱涝灾害。俞涞按照他的规划，调整布局家园，果然，600余年来，俞氏家族在此生活安定，丰衣足食，至今已逾三十几代。

俞源村四面环山，我们从北面入村，村外款款而来的溪水，在此与另一条小溪汇合，向村里汩汩流去。驻足水边，四处张望，左侧坐落的俞氏宗祠，正是“北斗星宿”斗口处，于是我们决定，俞源古村的游览，就从这座古建筑开始吧。

俞氏宗祠，由俞涞的4个儿子建造，年代在明代洪武七年（1374），原名是“孝思庵”，因清初战乱，部分建筑被毁。清代中期，随着家族官运亨通，又大兴土木修建，遂改为俞氏宗祠。从外观看，这座建筑并不惹眼，门房一字排开，中间缩进的部分是大门，檐下悬挂“婺处第一祠”长匾，黑漆木门紧闭，上方“俞氏宗祠”匾额，面目沧桑，两侧板壁上，涂着“事在人为，人定胜天”黑体大字。从侧门进入祠堂，里面宏大的气派，立刻让我们惊呆了。俞氏宗祠呈三进两院结构，一进的院落，建有一座大戏台，檐角飞翘，木雕精美，装饰华丽，两侧是二层小楼，正面的大厅，悬挂明代宰相严讷赠送的“壬林堂”匾额。二进的中堂，是明代遗留的建筑，地基高筑，六级台阶之上，面阔轩敞，梁柱粗硕，庄严肃穆，走上台阶，里

◀ 俞氏宗祠，由俞涞的4个儿子建造

面悬挂9块明清时期的匾额，上书“礼义贤声”“淳厚可风”“急公好义”“诗礼家声”等。站在宽阔的祠堂里，让人感觉到威严，是那种久违的家族式的威严。

从俞氏宗祠出来时，收门票的那位长者，见我们对宗祠很感兴趣，手指着对面说：“溪水那边还有一座宗祠。”谢过他后，我们跨过石桥，没走多远就看到了。这是一座“刘氏宗祠”，大门简陋，两侧的门板上遗留着些许历史的印迹。看门的妇女对我们说：“刘姓不比俞姓，在村子里是小户，居住在溪水这边，所以宗祠也建在这里。”既然来到门前，我们便走进祠堂。里面结构也简单，四合院落，院内布置成花圃，正屋五间，敞开式的厅堂，左右是二层厢房，屋顶与正房相连。堂内已无家族遗物，改为“俞源村民俗用品展”，摆放着一些旧式农具等。

离开刘姓居住区域，又跨石桥返回，沿着溪水西侧，往村子里面走，石板路面，平整洁净。村里的这条河道，全是用大块石头垒砌而成，即使在大城市，这种“奢侈”工程也少见，足以说明当年改建村貌时，俞氏族人是怀有何等的虔诚之心。走了一段，我们惊讶地发现，路旁的溪水里，竟然有大量的红色锦鲤在游动，溪水清澈，鱼儿悠闲自得。我问路边的村民：“鱼是野生的吗？”他回答得有趣：

▶ 路旁的溪水里大量的红色锦鲤在游动，溪水清澈，鱼儿悠闲自得

◀ 各具特色、风采依旧的古建筑，渐次呈现在眼前，待你揭开它们尘封已久的沧桑面纱

“村里每年都投放鱼苗，搞不清谁是野生的还是放养的啦。”我又开玩笑地问：“可以捞出来吃吗？”他瞪了我一眼，没吱声。我看了看水里的鱼，每条都很肥硕，估计都在5斤以上，应该不会有人捞吧，否则它们还能长这么大个儿？

古时建村时，人们为了取水方便，民居大多临溪修建，当时的建筑格局，至今没有大的改变，所以，沿河道继续往里走，全村面貌便能一览无余。俞源村遗存很多古建筑，主要以清代中期建造的为主，特别是乾隆、嘉庆年间，是古村发展的兴旺时期，除了重修的俞氏宗祠，还建造了六基楼、声远堂、精深楼和上、下万春堂等。随着脚步的前行，这些各具特色、风采依旧的古建筑，渐次呈现在眼前，待你揭开它们尘封已久的沧桑面纱。

沿溪多是两层建筑，老屋新房，相互衔接，楼间偶有小巷，延伸到幽静的深处。一条狭窄的小巷，里面巷道的上方，横悬一座过街阁楼，我们看了别致，便走了进去。阁楼小巧，整体木结构，估计早已弃用，仍然安卧在半空。从阁楼下进去，接着再往里走，出了巷道，是一小块开阔地，两座古建筑豁然在立。一座叫“六基楼”，坐北朝南的清代民居，院门开在山墙。我们好奇地走进去，正房面宽七间，两间有厢房，精致的三合院

▶ “六峰堂”飞檐式院门，砖雕完好，门内外各竖一对旗杆

落，梁架上有木雕图案，为多种太极符号，难以辨识其意，墙面还遗有旧时壁画。因为里面有人居住，我们匆匆看了看，便转身离开。另一座是“六峰堂”，建于清代康熙二年（1663），因面对远处的六峰山而得名。飞檐式院门，砖雕完好，门内外各竖一对旗杆，是为清代族人考中贡生而立，以显示俞氏家族的荣耀。我们从侧门进入，里面是两进的院落。前院是正厅，宽敞高大，柱基为典型的明代覆盆式，屋顶3根透雕檩条，被称为俞源古建筑的精品，不但技艺精湛，而且图案生动，有水里游的、地上跑的、天上飞的多种吉祥动物，我仰头辨识，有百鸟朝凤、蛟龙出海和麒麟送子等。其中的一根，上面雕刻9条鲤鱼，活灵活现，而且可随季节气候的变化，变换黑、黄、红颜色，可谓一大奇观。我不禁联想，村中溪水里的锦鲤，是否就是它们的化身？厅堂上方正中，悬挂“声远堂”黑底金字匾额，六峰堂也称“声远堂”，是因后院原为六峰书院，有取书声琅琅传之久远之意。为了感觉古书院的气息，我们走进后院，竟然是明代万历四十年（1612）的建筑，典型的楼上厅风格，确实是闭门读书的儒雅宁静之处。

从六峰堂出来，我们折回溪河旁，继续往村子深处走。对岸有一位农妇，在水边石阶洗刷塑料桶，引来一群锦鲤，在水面上下翻腾。估计村里常有人喂食，否则鱼儿不会聚群围拢。

走了一段路，我们又在“精深楼”民居前停下来。这座清代道光十五年（1835）的建筑，又称为“无木落地之屋”，主人是当年村内首富。走进院内，天井地面卵石铺设，石子大小均匀，而且是拼花图案。四合院格局，两层木板结构，陈旧荒芜，看不到烟火痕迹，估计已无人居住，不过梁枋、窗棂等处，蔬菜、动物、昆虫等木雕图案，仍然清晰可见，可以想象出当年主人崇尚自然的人格情调。

俞源村地处浙江中部，是历史上有名的商业重镇，所以古民居自有其特点。虽然也是封火墙高围，但内部院落宽敞，多为三合院落，木架板材结构，正面主楼，两侧有附屋，构件奢华气派。精深楼的附近，是“下万春堂”和“裕后堂”，建于清代乾隆年间，均属这种类型的民居。“下万春堂”，两进的院落，“万春堂”匾额，漆面早已剥落，斑驳不堪，难得保存至今。二进的院里，两层的木建筑，上层围栏前探，形成下层通廊，出入可遮阳挡雨，正面几十间房屋，包括两侧的厢房，没住几户人家，显得清冷寂静。出了“下万春堂”，我心想，应该还有“上万春堂”吧，却不知在哪个方位。南面是“裕后堂”民居，我们往那边望了一眼，没有走过去。其实，门票上印有导览图，标明“上万春堂”就在“裕后堂”旁边，我们只是当时没有看到。

▼ 俞源村古民居封火墙高围，内部院落宽敞

走到村子尽头，“洞主庙”坐落在这里。远远望去，白色的墙体，背靠九龙山，古樟树围拥，一座小巧的石拱桥，连接又一条小溪在此汇流，组合成一幅优美的仿古画面。庙宇为清代建筑，由前厅、正殿及两侧厢楼组成，主神是劈山救母的沉香和营造都江堰的李冰。关于沉香的传说，我只略知大概，而对李冰则早就熟知。1995年的秋天，我曾到过都江堰，详细了解过他神威治水的“事迹”。几百年来，为纪念李冰治水功绩，每逢农历六月二十六日他的生日之时，俞源的百姓都会杀猪宰羊，到洞主庙来祭拜，求得风调雨顺，还要连唱三天大戏，神奇的是，每年的这三天里，总能下一场雨，即使旱年也不例外。久旱逢甘霖，百姓梦成真，久而久之，直至今天，洞主庙成了“圆梦胜地”，吸引众多人前来顶礼膜拜。我们今日到此，虽然未能逢时，却

▲“洞主庙”坐落在这里。远远望去，白色的墙体，背靠九龙山，古樟树围拥

相信确有那般热闹的场景，因为追求美好的愿景，是普天之下善良人们的本性。

离开洞主庙，返回村里的路上，我们神清气爽，估计接下来的旅程一定平安顺利。

又来到六基楼那条巷口，刚才从这里离开时，我们知道往里走，还有几座较大的古民居，便走到过街木阁楼下。原来，它所连接的是“连厅楼”，相邻的两套四合院，中间用过街楼相连。这座清代时期的民居，估计当年筹建时，全村格局已经形成，这两套院落只好隔空连接了。这一带古建筑相对集中，还有“四星楼”“真贞楼”“青峰楼”等，都是清代所建的民居，模式也大体相同，三合院落，两层结构，木板材料，楼上临窗这

面，半封闭的通廊，楼下墙板后缩，形成通透的廊道，正面的房屋，面阔七间，与两侧附屋连为一体。自古以来，几代同堂，是中国人的理想家庭模式，偌大院落里，老少几代，几十口人，同吃同住，其乐无穷——每每走进这样的宅院，我都会长久伫立，想象那尽享天伦之乐的祥和场景……

走累了，肚子也饿了，路旁有农家饭店，村人待客实在，一盘熘豆腐，一盘炒生菜，两小碗米饭，才要我们40元钱。

600余年来，这座太极星象村，除了风调雨顺，五谷丰登，读书亦蔚然成风，书香不断，走出了诸多国家栋梁之材。《俞氏宗谱》记载，明清两代，该村出过进士、举人、秀才近300人。天地人合一，中国风水理念的精髓，也是俞源村延续至今的不竭源泉。

吃饭的时候，听开店家农妇说，村东口“S”形的溪水处，有一大片人工“太极田”，非常壮观，值得去看看。可惜，我们的车停在村北，不便绕过去观看，算是一个小小的遗憾吧。

◀ 三合院落，两层结构，木板材料，楼上临窗这面，半封闭的通廊，楼下墙板后缩，形成通透的廊道

何氏郭洞村

郭洞村，并非郭姓人居住地，因其“山环如郭，幽邃如洞”，故名，村民多为何姓。

说起这里的何氏人家，还要追溯到元代时期。据《何氏家谱》记载，元代至正十年（1350），家住武义的何寿之来郭洞看望外婆，见此地翠嶂千重，古树参天，碧溪双流，便决意迁居这里。此后600多年，子孙延绵不断，至今已有后裔近2000人，成为郭洞村香火鼎盛的名门望族。

村北有大片空地，辟为停车场。下了车，远望几百米外的郭洞古村，果然别有洞天：三面环山，古树围绕，满目郁郁葱葱，一段古城墙横亘视线的尽头，一条潺潺小溪，蛇般弯曲着流向那里，城墙东侧后面，一座造型优美的石拱桥，恰似彩虹飞架。沿溪边的小路，我们走到城墙前。大小石块垒砌的墙体，表面覆满苔藓，墙内外几十株松、樟、杉等古树，中间是古城门，石框板门，简易古朴，两侧有楹联“郭外风光古，洞中日月长”，横批“双泉古里”。听把门的人说，20世纪60年代以前，这里是进村的门户，现在特意留下来，作为遗址保存，也供外来游客出入。我听了心头一暖，顿感郭洞村人对家园的拳拳之心。

我们从城门进去，东侧这座石桥，初建于元代，取名“石虹桥”。明代隆庆年间，村人以“山为龙山，桥为艮象，住则龙回”为由，予以重新修建，并易名“回龙桥”，后来被山洪冲毁。现在的单拱石桥，清代康熙六十年（1721）复建，并在桥上正中央，修建一座四柱石亭，整座石桥更为端庄秀丽了。当时，桥南有座“凤池书院”，学子们常到亭上读书畅谈，村民期盼子孙攀宫折桂、金榜题名，也把此亭叫“攀桂亭”。走了诸多古村落，我对古村的布局设计，也略知一二，比如这里，应该是郭洞村的水口：双溪汇合，绕村而流，回龙桥跨溪而建，桥外是坚厚的城垣，从而将古村风水包裹封闭起来。

从这里进村，必须要从桥上通过。走到桥中央，我们并没马上走下去，坐在石亭里，欣赏四周的山水风光。桥东陡峭的龙山，山上原始森林，云罩雾笼，桥下静水深流，清冽可鉴，久居城市的我们，不免心境大开，颇有“行到水穷处，坐看云起时”的感觉。我还发现，远处山顶那座塔，和脚下的回龙桥在一条直线上，可见古人风水理念的良苦用心。石亭飞檐展翅，檐下挂一“义乡”牌匾，为清代咸丰八年（1858）知县手书所赠，褒奖当时郭洞村民英勇剿寇的壮举。

回龙桥下，是一方微型池塘，水面尚有残荷，塘边一间白墙黑瓦老屋，是建于清代的水碓房。水碓，是古代利用水力舂米的机具，多在山涧溪水急流等处建一碓亭，内装木制转轮和碓梢，下面安置石磨，利用水力转动轮盘舂米或磨米，我国早在三国时期就开始使用，唐

▼ 古城门，石框板门，简易古朴，两侧有楹联

▼ 石亭飞檐展翅，檐下挂一“义乡”牌匾，为知县手书所赠，褒奖当时郭洞村民英勇剿寇的壮举

▶ 回龙桥跨溪而建，桥外是坚厚的城垣，从而将古村风水包裹封闭起来

義鄉

代诗人岑参曾有诗句描绘“岸花藏水碓，溪竹映风炉”。难得郭洞村民们都格外珍藏旧物，这座水碓房一直沿用到20世纪60年代，现在仍然保留着，里面的石磨、手磨、谷砻、踏碓等设备俱全，供游人参观和亲自体验。

回龙桥下，是“海麟院”，原名“回龙庵”，始建于明代末期，清代乾隆四十一年（1776）重修。这是一座儒、道、释三教合一的场所，共有两进，前厅三开间，两侧设耳房，中堂内还供奉关公像，后厅立有送子观音。我们在里面转了一圈儿，心想村人很实际，因繁就简，来此一处，“诸神”就可以全都拜到了。

郭洞村分为两个行政村，郭上村和郭下村，村内道路纵横有序，以前的卵石路面，大多已破损，只少数地段有残留，服务于人们的出行。目前，全村保存完好的古建筑，包括明清和民国时期的，有几十套几百间之多，走在村里，你若仔细观察，偶尔就会发现，这些老屋的某些建筑构件，带有明显的年代特征：古朴大度的明代廊柱，精雕细刻的清代雀替，西洋风格的民国门窗，等等。青砖黑瓦的民居里，仍然住满人家，房前屋内，闲着的老少身影。整个古村生机勃勃，人气充盈。村内规模最大、最重要的古建筑，共有两处：“何氏祠堂”和“凡豫堂”。问明白具体位置，走过一段古巷道，我们先找到了何氏宗祠。

何氏宗祠，建于明代万历三十七年（1609），至今保存完好，正面白墙，屋顶黑瓦，檐下绘有水墨画，一幅连着一幅，犹如高高挂置的画廊。门前3对旗杆，应该为获得一定官职或功名的族人而设立，映衬着祠堂的古朴和肃穆。两层飞檐的门楼，正中位置，镂空花边的匾框内，镌刻“何氏宗祠”4个金色大字，左右和上方，绘有大象、狮子、巨龙图案。祠堂大门别具一格，缩进石条门框内，形成一个门厅，正面厚实的木门紧闭，由两边侧门出入。走进祠堂，首先映入眼帘的，是梁柱间悬挂的几十块匾额，层叠密匝。祠堂管理人员告诉我们，原来有94块匾额，仅保存下来5块，现在挂着的这40多块，是根据资料重新制作的，只为延续何氏宗祠的这一大特色，也是传承郭洞村的传统宗族文化。我们仰着脖子，逐一欣赏这些匾额，由于全部粉饰一新，看不出哪块是原来的，我想，随着时间流逝，它们都将一并成为历史。正厅院落里，存有一座古戏台，整体保持得非常完整，翘角飞檐，古朴典雅，台上幕壁的绘画，我看艺术手法和造型风格，不应该是近年的“作品”。厅内侧面的角落，布置“郭洞民俗风情物品展”，陈列着当地农耕生活的用品，有的看着稀奇，猜不出实际的用途。后厅的天井里，一棵粗壮的罗汉松，周身满是苔藓，树形美观，枝繁叶茂，这棵古松为建祠时栽植，几百年来，默默陪伴古老的祠堂，也象征何氏一族生生不息、源远流长。

凡豫堂距此不远，在何氏宗祠的西侧。这幢俗称“新屋里”的宅院，建于明末天启崇祯年间，四周马头墙高耸，前后三进三合院，两层木构架堂楼，是郭洞村古民居的典型代表。院门敞开，虽然居住人家，但可以随便参观。走进前院，面对400多岁的老屋，我下意识地

▶ 何氏宗祠门前3对旗杆，映衬着祠堂的古朴和肃穆

▶ 后厅的天井里，一棵粗壮的罗汉松，几百年来，默默陪伴古老的祠堂

屏住呼吸，脚步也轻了下来。三合院式样，板壁门窗等，面貌沧桑，呈现着岁月年轮。一楼后缩近2米，用圆柱支撑出的前廊，连通正房和两侧厢房，形成一条廊道，极大方便了生活起居等。上下楼的每扇木窗，均是镂空的木雕，我们兴趣大发，上前仔细欣赏，正房的窗雕图案，是百鸟绕庭和百鸟朝凤，寓意鸟成仙为凤；东厢房窗雕是双狮戏球、鲤鱼跳龙门等，象征依山水而居；西厢房窗雕为喜鹊和百兽，配以产子多的鱼虾，寄托子孙兴旺的愿望。我端起相机，把这些精美的木雕图案，全都摄入记忆之中。回身再看四周的围墙，上面镶嵌的砖雕，图案更为丰富，凤凰朝阳、狮子抢球、麒麟送子，还有山水风光、人物故事、古钱币等。这些明代工匠的高超工艺和创造才能，让我们惊叹和赞美，也钦佩当年主人的富有和文

▲ 我端起相机，把这些精美的木雕图案，全都摄入记忆之中

▶ 面对400多岁的老屋，我下意识地屏住呼吸，脚步也轻了下来。三合院式样，板壁门窗等，面貌沧桑，呈现着岁月年轮

化素养。凡豫堂，又被誉为“八代书香门第”，由此可见，并非徒有虚名，而是耕读传家的硕果积累所成就的。

说到书香门第，郭洞人可以骄傲地拍胸脯了。早在400多年前，何氏先祖就在村内创办了私塾“啸竹斋”，清代康熙年间，又将其扩建为“凤池书院”，遗址就在回龙桥下的南侧。当时，还有一首“读书歌”世代相传着：“一代绝书香，十代无人续。书不读，礼仪薄，纵有儿孙皆碌碌。”历代郭洞人保持尊师重教的传统，因而人才辈出，仅明清两代，全村就出过秀才、贡生、举人178名。况且，郭洞村的何氏一族，原本就是官宦世家，当年，何寿之迁居此地之时，其祖父即为广东按察司副使，外公则在朝任参军。弹丸小村，成就如此辉煌，纯朴的郭洞人将其归功于家乡的天赐风水。人杰地灵，当然有自然环境的因素，而崇尚教育，耕读传家，立志读书，报效国家的家传，才是人才世代源源不绝的根本。

郭洞人不但崇文，还好习武。早年间，村里就建有武馆，明清时期不但出了35名武秀才，还考中了一位武举人。如今，良好的生态环境令广大村民受益于此，因而大都身心健康，平均寿命高达85岁以上。听了这个健康指标，我们真有点不想走了，租一间老屋，多住上几日，沾沾这里的“仙气”。

走到村子东口，我们没有返回古城门那边，这里才是郭洞村人平时的出入口，因为在公路旁，热闹得像个集市。当然，有人在把守，外人没买门票，一律不得进去。

望兄亭

永嘉境内的楠溪江流域，水碧、涧湍、峰奇、岩秀、树珍，又有若干古村散落其间，自然风光与人文景观融为一体，被誉为“中国山水画摇篮”。难怪南朝宋大诗人谢灵运在此当太守时，不太爱理政务，整天游山玩水，赋诗作文，身心完全寄情在这名山秀水之间。

行车至楠溪江畔，我们首先来到苍坡村。

村子正门朝南，牌楼式的木制大门，有古寨墙相连，乍一看，以为是仿古式建筑，待我们走到近前，看了门旁的标牌，才知是南宋的“礼制建筑”，建于孝宗淳熙年间，名为“车门”。宋代期间，朝廷有严格的“公务用车”制度，相当级别的官员才可配备“公车”（官马），苍坡村自古为李姓聚居地，其九世祖享有“公车”待遇，所以，他便有资

◀ 大门建在几级石阶之上，横梁正中悬挂匾额，题有“苍坡溪门”4个字

格建造了这座“车门”。我和同伴大为惊叹，连忙倒退几步，远距离重新欣赏：大门的整体，建在几级石阶之上，三开间，中间高，两边低，六柱三架二道梁，屋面重檐悬山顶，上铺小青瓦，横梁正中悬挂匾额，题有“苍坡溪门”4个字，梁下中间开门，两侧设直棂窗，方形木柱上，题有“四壁青山藏龙豹，双池碧水贮蛟龙”对联，以寓此村为龙腾虎跃、名人辈出之地。据说这座“车门”，被视为全国独一无二的宋代建筑艺术珍品。门前的空地，是石块铺设的“进士坛”，下端有3级台阶，与当时的科举制度相关联，寓意欲考取进士，须经乡试、会试、殿试3个步骤。漫长的封建社会里，科举制度事关一个人的终生命运、一个家庭的荣辱兴衰，古村门前如此设置，村人每每出入，举目可及，便可牢记在心了。

一个村落的大门，蕴含如此深厚的典故，可想而知，只有在崇文重商、纸香墨飞的宋代，才会有这样儒雅风流、志趣高远的李氏先民。

那么，就来认识一下苍坡村的李氏家族，看看他们当年是如何构建理想家园的吧。

五代后周时期，李氏先祖为躲避战乱，从福建长溪迁此定居。200多年后的南宋淳熙五年（1178），李氏九世祖李嵩（相传此人为驸马），邀请当时的“国师”李时日，前来重新规划苍坡村。按照风水学说，他模拟“文房四宝”布局村落：建一条“笔街”，与村西笔架山相对应，修东池、西池两方池塘，除了“以水克火”（笔架山形如火焰），还以西池喻为“砚台”，并在池旁置条石为“墨锭”，而用寨墙围起的村落则是“纸”。如此构思，可谓独具匠心，寓意深远，以激励族人读书入仕、光宗耀祖。当然，这些皆为传说，并无史料记载，但村民宁愿相信确为史实，因为就连2003年版的《永嘉县志》，也载有“宋淳熙国师李时日苍坡村风水相地”的说法，原本史学专家们对此就有争议，如此一来，倒真成了“无头案”。

◀ 李氏九世祖李蒿，邀请当时的“国师”李时日，重新规划苍坡村建“笔街”，修东池、西池两方池塘

方知“车门”前世，迈步过门而入，突然有种穿越历史的感觉，好像真的来到人文气息浓重的宋代村落。刚进村的地面，铺满鹅卵石，中间一座微型石拱桥，由5块石板搭建，小巧精致，名为“五龙”桥。石桥引出一条甬道，起伏之间，调节了平面和直线的视觉差，用现代语言来说，增加了节奏和韵律感。

这一带是古村的中心，几个主要古建筑都在这里，游人也在此集中，参观游览，乘凉休憩，我忽然产生一

种想象，如果大家换上宋代服饰，分明就是一幅古代农耕休闲图。随着熙攘人流，我们走向“望兄亭”。

“望兄亭”在村门东侧，建在古寨墙甬道之上，地势略高。亭子为木结构，初建于南宋时期，重建时间不详，但仍保持了宋代风格，黑瓦披檐，月梁粗硕，柱角圆石基座，四面开敞，周边一圈儿美人靠，整体既粗犷又轻柔。此时，亭子里坐满游人，大家交头接耳，不时地向远处张望。一位村里的老者，听我们说来自东北，便热情地用普通话费力地向我们介绍。关于这座“望兄亭”，至今还流传着一个温暖的故事——南宋建炎二年（1128），李氏七世祖李秋山迁居附近的方巷村，弟弟李嘉木仍留在苍坡村。兄弟俩情深意笃，每夜必促膝长谈，风雨无阻。后来两人商定，兄在方巷村口建一“送弟阁”，弟在苍坡村头建一“望兄亭”，亭阁之间一水相隔，两人夜谈分手后，一见到对方亭阁中灯亮，即知已安全到家，便放心回家睡觉。如今，对岸的“送弟阁”早已消失，而“望兄亭”则与古村同在，成为苍坡村著名的建筑之一——我也将目光投向环村溪水的对面，雾气氤氲，不知兄在何处。

▼ 临水的厅廊里，一排优雅的美人靠，观水、休闲、纳凉，别无如此恬静之地

望兄亭的西侧，是一组宋代风格的建筑，“仁济庙”和“李氏大宗”。仁济庙，始建于南宋淳熙十四年（1187），相传是根据宋代殿试场景设计的，庙前一棵古柏树，绿荫如盖，至今也已800多岁了。庙宇共有二进，四合院式，三面临水，天井中又有一水池，整座建筑水流萦绕，仿佛浮在水面之上。临水的厅廊里，一排优雅的美人靠，观水、休闲、纳凉，别无如此恬静之地。庙里的一进，供奉“平水圣王”，相传为晋朝人，浙江南部一带的抗洪英雄。我想，仁济庙四周环水，应该与纪念这位人物有关吧。二进辟为“永嘉昆剧展览馆”，大量的服饰、道具、塑像、图板等，详细展示了永嘉昆剧的历史源流、发展历程、声腔与剧目、剧中人物、保护成果等。我以前不知永嘉昆剧，仅对昆曲略知

一二，而且去过其发源地千灯古镇。原来，昆剧和昆曲是一脉相承，历史上是浙江东南沿海地区的四大剧种之一，也是一种平民艺术，平时多在乡村的庙台上演出。

仁济庙的西侧，便是“李氏大宗”，即为李氏宗祠，苍坡村最重要的建筑，北宋至和二年（1055）初建，相传因方位不对，明代正统年间又重建，改为坐东朝西，正对着笔架山。因为是全村唯一的李氏宗祠，规模建得较大，由大厅、戏台和院内通廊组成。大厅“李氏大宗”匾额下，供奉李氏先祖牌位，梁间还悬挂着几块匾额，稍偏中心位置的，是一块“院士”匾，红底金字，为2007年所制，上书“第三十三世李大鹏荣膺中国工程院院士”。院落里的木制戏台，檐角高翘，宽大庄重，对面和两侧通廊，也同样宽敞，可容纳众村民观戏，免受日晒雨淋之苦。现在，祠堂和仁济庙设为“楠溪民俗馆”，利用内部空余之处，通过图板和大量民用实物，展示楠溪江流域浓郁的民俗风情。站在院落里，抬头越过戏台西眺，便是葱郁的笔架山，我们迫不及待走出祠堂，去寻看那条笔街。

▶“李氏大宗”，即为李氏宗祠，苍坡村最重要的建筑

李氏宗祠西侧，就是“砚台”西池，东西长约百米，南北宽近40米。笔街与“砚台”相邻，直通通的砖铺石街，也是村中唯一的古街，“笔尖”正对着笔架山，街面宽2米多，两侧是清代和民国时期的民居建筑。走在这条笔街上，笔架山恰好映入池水中，随风轻轻荡漾，我有些怀疑，抬起头来，瞥了一眼笔架山，似乎想确定水中是否为它的倩影。西池旁卧着几块条石，估计就是以前的“墨锭”吧。不过，传说当年的条石有4.5米高，是竖立在水池旁的，上面有51个半孔眼，代表当时村里51户半人家。我童心大发，上前细细察看，见是普通的条石，颇为失望。走到笔街中段，一口宋代古水井，引起了我的好奇，探头往井底看，仍

▶ 笔街与“砚台”相邻，直通通的砖铺石街，也是村中唯一的古街，“笔尖”正对着笔架山

可见一汪清水。村民说，井水是恒温的，源于附近800米高的山峰，夏凉冬暖，而且常年水位不变，当时凿挖此井时，又在井旁建了3个水池，按水流注入的先后，分别洗菜、洗衣和洗马桶。现在随着水位下降，早已失去使用功能。

我没忘去看东池，沿着环村溪水，向北往村子纵深走。全村布局规划有序，街巷呈八卦形，中心为“鼓盘巷”，以方形环状向四方辟为8条路，经古时的寨门通向村外。沿途“三退巷”“九间巷”等巷道纵横，所见民宅，以二层小楼居多，独门独户，相对封闭。令人欣喜的是，一些近年的新建筑，仍然沿袭宋代风格，悬山式屋顶，覆盖黑瓦，三角形山墙，外墙粉白，横木外露。几幢保存完整的古建筑，门楼高耸，院墙斑驳，院内卵石铺地，楼下寝卧，楼上厅阁，宋代建筑特点更为明显。溪水旁的空地上，支着几个竹簸箕，上面铺满霉干菜，一位农妇正在旁边翻晾，她身穿红色连衣裙，丝毫看不出是村里的农妇。她的身后，是一座“官厅”，歇山重檐式建筑，显然是以前的大户人家。我们走到近前，门旁的标牌显示，这里设为“农村改革展馆”，厅内悬挂一块“包产到户第一县”匾额。原来，早在1956年，苍坡村所在的永嘉县，即是全国第一个包产到户的县域，1978年安徽小岗村的包产到户与之可谓“一脉相承”，只是时代背景各异，对中国农村的改革发展进程，同样立下不可磨灭的历史功绩。村内不同时期的建筑，或多或少都带有宋代风格，不知是否受《营造法式》的影响。我以前查阅过，这部建筑范本是宋代官方颁布的，为中国古代最完整的建筑技术书籍。宋代建立后的百余年间，各地大兴土木，宫殿、衙署、庙宇等建造，此起彼伏，豪华奢侈，相互攀比，给国库支出造成极大压力。因此，在绍圣年间，由皇帝下诏，编制颁布了这部《营造法式》，从建筑等级、设计标准、装饰与结构、材料使用、工料定额等方面，都进行了详细规定，不但规范了各级各类公共建筑，也影响和约束了民间私建，对后世及至当代的建筑界都有一定的指导意义。

▲ 东池的北面，一座四面环水的古旧庭院，吸引我们走了过去

东池与西池相反，南北长，东西窄，除水波荡漾，并没有特别之处，而在它的北面，一座四面环水的古旧庭院，吸引我们走了过去。这座建筑名为“水月堂”，建于北宋末年，当时，李氏八世祖武进士李锦溪是步骑将领，奉命去抗辽，出征前割须送回家中，以明为国捐躯之志。他战死后，其弟李霞溪为其筑坟埋须，并建此堂以示纪念，虽然清代予以重修，但是基本保持了原有建筑风格。3块石板的小桥，是进出的通道，几步跨过去，是设有美人靠的门厅，拼花木格栅上，镶嵌3个木圆盘，上面雕刻“象棋馆”3个大字。永嘉县象棋历史悠久，闻名天下，培养造就了一批国内象棋名家，目前，这项活动在全县各地非常活跃。在水月堂里开辟象棋馆，是村中象棋高手闲来对弈的场所，也是这一历史业绩的传承。从门厅侧面进去，来到院子里，正面三开间，悬山顶，深檐灰瓦，由镂空的花墙相围，院中有水池、假山、树木、

◀ 我可能忘了苍坡村，或忘了古村的具体模样，可这座望兄亭会永远留在脑海中

花草等景物，环境清幽雅致，空地上铺着木板，上面摆满巨大的木质棋子。敞开式的客厅里，放置用于对弈的桌子，此时，两个管理人员闲坐那里。我问她们，常有人来下棋吗？对方反问我，会下象棋吗？我点头又摇头，意思是会下，但不太厉害。她俩可不明白，一齐捂嘴笑了。

当代作家汪曾祺游历此村后，曾即兴赋诗一首："村古民朴，天然不俗，秀外慧中，渔樵耕读。"借用一下，也是我等俗人来此一游的心境写照吧。生活在当下的我们，以诗文等方式，寄予对古村、古人的幽思情怀，难道不是相互超越时空的对话吗？

出了水月堂，侧面是村子东出口，似乎有什么东西牵着我们，顺原路返回"车门"前。看到望兄亭，我明白了，还没有向它告别，便又登上亭子，仍然眺望远处，幻想等到夜幕降临，看到对面灯火燃亮……我在家排行老三，上有两位哥哥，当年，大哥在辽东山区当知青，二哥远在甘肃工作，盼望他们归来，是我日常的精神寄托之一，所以，我有"资格"站在这里望兄。

也许，多年以后，我可能忘了苍坡村，或忘了古村的具体模样，可这座望兄亭会永远留在脑海中。

芙蓉国里尽朝晖

芙蓉村，坐落在楠溪江中游的西岸。

原以为，一定是映日荷花开满村，方得此名，进村后我们才知道，实际并非如此。原来，在村西南的山崖上，有三座秀峰相连，形似三瓣莲花，每当太阳初升时，霞光映照，白里透红，更加惟妙惟肖，村中有一口池塘，三峰又恰好映入其中，如同一朵莲花绽开。所以说，芙蓉村的村名，是大自然恩赐，应景而生的。

▼ 在村西南的山崖上，有三座秀峰相连，形似三瓣莲花

楠溪江流域诸村落中，芙蓉村历史最为悠久。来到村子东门前，没等进去，便能感觉到悠悠古韵。村门建得古朴大气，二层歇山顶阁楼，上层为谯楼，下面是大门，两侧连接的寨墙，用卵石砌筑，高约2米，环村2000余米长。遥想古代，如果关上大门，正是一座封闭式村落。东门是村子的正门，建于元末明初，正宗的文物级别建筑。

▲ 村门建得古朴大气，二层歇山顶阁楼，上层为谯楼，下面是大门

今天的芙蓉村，建于元末明初时期，追根溯源，实则远在唐代。明代弘治十年（1497）《陈氏宗谱》记载：唐末，为避乱世，有陈氏夫妇，从永嘉县城北徙，沿楠溪江进入深山坳里，至芙蓉峰旁，只见此地前横腰带水，后枕纱帽岩，三龙抢珠，四水归塘，于是筑屋定居。如此推算，芙蓉村历史已逾千年。到了南宋末年，元兵南下侵入，芙蓉村陈虞之率族人英勇抗敌，困崖三载，终因弹尽粮绝，自刎身亡，族众也相继跳崖。元兵进村后，纵火洗劫，芙蓉村几近沦为废墟。待明代初期重建时，人们吸取教训，把原来分散小村合并，外围修筑石头寨墙，增强防御抵抗功能，形成一个整体的村寨。如今，芙蓉村基本格局如初，村民仍以几百年血脉相传的陈姓人家为主。

村门阁楼下，闲坐着几个村民，我问他们，村里老房子还多吗？一位长者往门里指了指，我扭头看过去，是两块水泥座的石碑，一块刻着“全国重点文物保护单位——芙蓉村古建筑群”，另一块是“芙蓉村民居说明”，上书：“……芙蓉村的‘七星八斗’布局，是我国古代村落规划与阴阳五行学说相结合的典范。村落内遗存大量明、清建筑，风格典雅，建筑类型别具一格，有民居、宗祠、书院、庙观、路亭、池塘、寨墙、寨门等，是楠溪江古村落群的一个缩影，也是中国乡土建筑的一个典型……”我又问那位长者，“七星八斗”布局何意？他招呼我们到身边，耐心讲述道：“‘星’是指巷路交会处的方形平台，‘七星’按二十八宿中的翼宿和轸宿排列，‘斗’是方形水池，在村内呈八卦图形分布，这样，全村道路和水系，以‘星’‘斗’形成系统，也隐喻村寨可纳天上星宿，星与人相对应，子孙后代人才辈出如繁星。”听完老人家的话，我们就像离别家乡多年的游子，带着兴奋又少许的怯情走进村子。

连接东门的长街，是村里的主干道，叫“长塘街”，也称“如意街”，全村公共建筑和民居，以此为中轴，向南北两侧分布。紧邻东门的街首位置，坐落着村内最著名的建筑——建于明代初期的陈氏大宗祠。

陈氏大宗祠没在街面上，而是“藏”在路北的院落里。院门与村门斜向相对，灰瓦深檐，门前端坐拄剑武士铜像。进去后我们发现，院内面积很大，一方水池居中，东岸立有照壁，上面雕刻“八仙乘槎图”。水池西侧的陈氏大宗祠，坐北朝南，门前照例竖有旗杆，还有两座石狮。祠堂是两进结构，正厅宽敞，供桌摆放祖先牌位，梁下悬挂多块牌匾，柱上写有多副楹联，其中的一副“地枕三崖，崖吐名花明昭万古；门临四水，水生秀气荣荫千秋”，是对芙蓉村人文地貌的最好诠释。正厅两侧是廊间，对面的古戏台，三面开敞临空，歇山顶，翼角飞扬，花篮木柱，檐下木结构上面，雕满神仙人物的木刻，工艺精美不俗。这座族人选举、聚会、议事的公共场所，平时寂静无人，戏台也空空，到了每年的农历二月初二祭祖日，留守在家的村民，纷纷归来的游子，都会在此欢聚，饮酒、看戏，热闹场面就像是过大年一样。

出了陈氏宗祠，沿长塘街西行。青砖路面，两侧用石条勒边，异常坚固，两旁的一些建筑，依稀可见商铺的痕迹。当年，长塘街是全村最繁华地段，村民时常来此聚集或闲逛。

长塘街的末端，与南北街路的交会处，就是那口映入莲花的池塘。池塘正中，一座木制方亭，两层的阁楼，歇山顶，飞檐翘角，通透玲珑，也像一朵盛开在水面的莲花。果不其然，这个池塘就叫芙蓉池，池中方亭自然就叫芙蓉亭了。

▲ 祠堂是两进结构，正厅宽敞，供桌摆放祖先牌位，梁下悬挂多块牌匾

池塘西面，是村里的“芙蓉书院”，一座封闭的内院式建筑。清代乾隆年间始建之时，即是按书院设计，所以，格局正统规整，规模也很大。书院由高墙相围，从厚实的院门进去，由东向西，依次是照壁、泮池、仪门、杏坛、明伦堂和讲堂。仪门前面，竖一对古旗杆，庄重肃穆，明伦堂前面，是长方形的杏坛。所谓杏坛，我曾查阅过出处：孔子第45代孙监修孔庙时，将正殿后移，平地为坛，四周栽植杏树，名曰“杏坛”，寓意孔子聚徒授业讲学之处。此地辟有杏坛，其意义不言而喻，也蕴含着古村先民的美好愿景。明伦堂和讲堂相

▲ 站在讲堂里，我们听到有孩童诵读《弟子规》的声音，空灵清脆，似天外传来

邻，都是三开间，进深约 9 米。明伦堂的后壁中央，供奉孔子的神龛，两侧挂有孔子语录。讲堂中间，摆放旧式桌椅，后壁开有窗户，明亮通透，方便学子们读书。站在讲堂里，我们听到有孩童诵读《弟子规》的声音，空灵清脆，似天外传来。我知道播放的是录音，只是不知音箱藏在何处，站在院内任何角落，都能隐约听到。历史上，著名文人王羲之、谢灵运都曾任过永嘉太守，他们寄情山水、心忧国事的品格，以及耕可致富、读可荣身的思想，对当地的民风世俗影响很大，芙蓉书院也因此办得兴旺。据说，以前村里贫寒家庭的学生，其学费由宗族用公产来代缴，使得每个孩子都能获得一定的教育。

芙蓉村人崇尚礼教，耕读风盛。《芙蓉陈氏宗谱》记载，族人中考中进士、举人、生员的34名，历代在京任职有18人，世称“十八金带”。据说有的人家，至今还珍藏着他们的画像、玉笏等物品，我想如果确实，其文物价值不可忽视。

除了陈氏大宗祠和芙蓉书院这两座礼制及文教建

◀ 如今的“司马第大屋”，一进的院墙和牌楼等，民国年间均被烧毁，剩下的部分房屋，大多也已破旧不堪

筑之外，村里民居建筑也有特色。目前，全村保存有明清古民居30余处，多为砖木结构，朴实素雅的造型、白墙青瓦的色调，参差错落的屋顶，兼以家家石砌高墙、户户绿树成荫，使得整个村落与周围山水环境融合，构成人类与自然共存的和谐之美。这些古民宅中，“司马第大屋”等最具代表性。不过，村内房舍密集，巷曲路折，要想尽快找到它们，不是很容易的事。好在村民热心，我见有人正蹲在房前吃饭，便问“司马第大屋”的位置，他竟端着饭碗送我们过去，好在距离不算太远。

“司马第大屋”是清代乾隆年间的建筑，所谓“大屋”，是指其规模大，原由3座四合院并肩组成，各自有院门，院与院有夹道相通，又有照壁、厅堂、花园、池塘、水井等。主人是陈姓一富商，不知何故，却给宅第起了一个“官号”。如今的“大屋”，一进的院墙和牌楼等，民国年间均被烧毁，剩下的部分房屋，大多也已破旧不堪，只能从残破的斗墙、精美的砖漏花窗等处，联想出昔日的辉煌。我和这里的住户攀谈，他们希望推倒老屋，在原地建起新房，但老屋列入重点文物保护，不允许自行拆毁，而个人家又无能力维修和保护，所以他们目前既矛盾又困惑，不知这种现状还能维持多久。

村西南的芙蓉三峰脚下，有清溪潺潺流出，村民引水入村，沿墙基和路旁筑沟渠，清冽的溪水，穿街过巷，在村中迂回环绕。水流湍急，走在路间，你能听到潺潺流水，而且有丝丝凉爽，沁人心脾，让人置身于湿润怡人的环境之中。

路过“陈虞之纪念馆”，我们好奇地走进去。这位芙蓉村的陈氏先人，就是南宋末年率族人抗击元兵，最后以身殉国的那位英雄。他出身农家，家境贫寒，由于勤耕苦读，于南宋咸淳元年（1265）登进士第，历任扬州府学教授、淮东帅干、两浙漕干、刑工二部架阁文字、广王府记室参军、秘书省校勘兼国史院校勘等职，族人为牢记他的事迹，将一座祠堂改为纪念馆，供后人参观瞻仰。

村内的巷道，除了长塘街，全部用卵石铺设，凸凹坚硬，被几百年历史的足迹，打磨得圆润光滑，阳光下闪着柔和的光泽。多亏我们的鞋底厚实，否则的话，不等出村就会磨出水泡。环村走到东南角，又看到一座明代建筑，名为“三星祠”，始建于万历丁酉年（1597），为陈氏第28世祖宗瑚公所建，所以又叫“宗瑚宗祠”。四合院式的平房木构建筑，正面厅房为七开间，两厢为三开间，悬山顶，建筑材料粗壮，结构严密，梁架搭置自如，造型古朴简洁，典型的明代建筑风格。

古时的南寨门还在，而且保留完好，方石砌筑的券门，厚重敦实。寨门与寨墙相连，墙下有水渠通过，水丰且清澈，是村民洗衣洗菜的场所。寨门前有座谯亭，轻盈小巧，与粗犷的寨门、寨墙形成强烈的对比，亭内供奉天官（尧）、地官（舜）、水官（禹）的神像，村民称之为“三官亭”。我知道，所谓“三官大帝”，属于道教尊奉的3位天神，是历史悠久的民间宗教信仰之一，我国上古时期，就有祭天、祭地、祭水的礼仪，在芙蓉村能够流传至今，可想而知，该是经历了多少磨难和坎坷，着实令人佩服。

▶ 倚栏而坐的老人们，看着面相，都已是耄耋之年，芙蓉亭建于明代初期，相比之下，他们就太“年轻”了。

绕了一圈儿，我们又回到芙蓉池前。水池两边搭有石板桥，通入池中的芙蓉亭。正是中午时分，亭内坐了几位村里的老人。我们也有点走累了，踏着石板走进亭内。4根立柱，12根檐柱，支撑着这座带阁楼的歇山顶式建筑，四周一圈美人靠，我们面南坐在上面，抬头可见远处的芙蓉三峰。倚栏而坐的老人们，看着面相，都已是耄耋之年，而这座芙蓉亭建于明代初期，相比之下，他们就太“年轻”了。

出了村东门，肚子咕咕叫了，路旁有农家饭店，我们进去点了饭菜，边吃边和店家闲唠。对方告诉我们，现在村里2000多口人，绝大多数仍是陈姓人家。早在10多年前，为了大力发展旅游业，村里另辟空地建新村，半数多的村民搬出了老村，老村环境改善了，吸引了更多游客前来观光，旅游收入越来越多，集体和个人都得到了实惠。这两年，村里还在继续动员大家迁出，最后只留少数人家，负责看护和旅游服务等工作。末了，他又说道：“现在的城里人，山哪水的玩够了，开始对古村古迹感兴趣了，老祖宗留下的东西，咱可得保护好，别让你们大老远跑来看了失望，再说，咱们还能多赚些钱。”

听了他的话，想起这两年来，我所走过的其他地方诸多古村落，一些荒芜衰败的景象，时常呈现在脑海。古村落的保护和传承，经济实力无疑是前提条件，而农村集体和村民个人意识的提升，也是重要的因素，政府不可能大包大揽，全都纳入财政保护范围。古村落的保护需要社会资源予以参与，采取出资参股、有偿经营等方式，在保证性开发的基础上，使古村落遗产更长久地保留在世间。

离开芙蓉村的路上，我想起“芙蓉国里尽朝晖”的诗句，难道不是讴歌这里吗？

▶ 临湖是连续不断的美人靠，廊檐下悬挂一排红灯笼，与古树绿影相辉映，走在这样的廊街里，人们都不觉地放慢脚步

丽水湖畔

岩头村，位于楠溪江风景区的中心地带。“献义门”，古时的村东门，现无任何遗迹，只留下这不知其意的名称。一道铁栅栏门，划出村内外。外面是新建的村民住宅区，楼宇、街市、商铺，人群熙攘，声响嘈杂。说来也怪，迈进铁栅栏门里，咫尺之隔，耳畔就安静了，满眼旖旎秀丽的湖光山色。

一条狭长的湖面，碧绿如洗，平展如镜，静悄悄地向村内延伸过去。湖美，名也好听，叫丽水。丽水湖的东堤，是一条300多米长的商街，因为紧临湖水，自然就叫丽水街了。这条长街有90余间店铺，均为两层楼建筑，屋瓦毗邻，一层是通透长廊，2米多宽的路面，用卵石铺设，临湖是连续不断的美人靠，廊檐下悬挂一排红灯笼，与古树绿影相辉映，走在这样的廊街里，人们都不觉地放慢脚步，走走停停，或坐在美人靠上，身心有被湖水洗涤干净的感觉，一种无以言表的舒畅和享受。

丽水街建于清代，岩头村的历史则更长远。唐代初年便有人在此居住，以后几经兴衰，到了明代初期，才由金氏一族建成完整的村落。至于村名，我想，应该与附近的地理环境有关吧。

▼ 永庆桥头一棵300多年的古樟树，看不出丝毫老态，枝繁叶茂

出了丽水街，才是正式进入苍头村。南侧遗有古寨墙，断壁残垣下，坐落两座古木亭：乘风亭较为普通，无须过多描述；接官亭则庄重气派，整体为方形，重檐攒顶，梁柱粗硕，带有明显的明代风格。问了旁边的村民，确是明代嘉靖年间的建筑。亭内有副对联："名师留奇迹，怪匠逗行人"。村民也不知其意，却向我解释"接官"："并不是欢迎上头下来的大官，而是在过去的科举时代，迎接村里的学子中榜荣归。"

接官亭前，是横跨丽水湖的石桥，名曰永庆桥，建于明代嘉靖三十七年（1558），桥体由48根条石砌筑，为明代时期隶属永嘉县第四十八都之意，400多年风雨沧桑，至今仍然坚固如初，我好奇地站在桥上，使劲跺了跺，脚下纹丝不动。桥头一棵300多年的古樟树，看不出丝毫老态，枝繁叶茂，"'昂首'依旧笑春风"。

过了石桥，继续沿湖西行，村里主街都集中这里：一条"横街"贯穿东西，西段有浚水街、中央街与其交会，形成丁字形路口；另有南北向的花前街、桂花街等，其间又有小巷相接，宽窄错落，井然有序。以前，这一带建有多座大宅院，清代晚期，因多种原因，大都被毁，如今只存留少数，散落在现代建筑中间，显得更为珍贵。岩头村坐西朝东，所以民宅全都面东，西侧开大门，东侧是后门。纵横交错的路面，不论街巷还是甬道，全是用鹅卵石铺设，我们既惊讶又敬佩，深深被古人的家园建设理念所感动：一劳永逸，地久天长。

我们走进中央街，来到村子的南端。路西是建于明代的"水亭祠"，原为楠溪江流域规模最大的"琴山书院"，四周高墙相围，院门端庄肃穆，估计是明代原物。我们悄然走进院落，里面是两进结构，外院一方水池，内院有门楼相隔，应该是近年复建的，

▲ 路西是建于明代的"水亭祠"，原为楠溪江流域规模最大的"琴山书院"

工艺水平稍差，仍然仿照明代式样。门楣处挂一木匾，上书“孝思亭”，两侧有抱柱联“重启诗门尊祖训，弘扬孝道振宗风”。内院里也有水池，一条石板桥从池中穿过，桥中央立有水亭，飞檐翘角，梁柱粗壮，不知是否为“孝思亭”所指。从石板桥上去，才是宽敞的正堂，也是“水亭祠”尚存的唯一原建筑。堂内正中月梁上，挂置“琴山书院”巨大匾额，红底金字，格外醒目。书院南面有座山丘，大名叫汤山，山顶有座文峰塔，与书院同时期修建，站在厅堂上，可见塔影映入水池中，形成“文笔蘸墨”的奇妙影像，据说是古代岩头村的十景之一。

出了“水亭祠”，我们看汤山不太高，便一鼓作气登上去。山顶是一块平地，文峰塔立在南侧，六角七层，层层飞檐，由村内金氏八世祖

◀ 文峰塔立在汤山南侧，六角七层，层层飞檐，由村内金氏八世祖建于明代

建于明代。站在这里，岩头村全貌尽收眼底，树影婆娑，碧水映日，一条条古老街巷，一幢幢深宅老院，分明就是一座明代的原始村落——我几乎要相信了。

从汤山下来，山脚处一湾绿水，环绕着一座半岛，岛上的“塔湖庙”，临水高筑，始建于南宋时期，清代顺治元年（1644）重建。阁楼两层，出入在侧面的角门，门楣刻“文在兹”3个字，两旁有楹联“仁山半郭秀，智水一池清”。门上有锁，不能入内，门前一老妇在扫地，问她什么，不回答，冲我直摇头。

再穿过“横街”向北，路边一座亭阁，地基高垒，虽是近年新建筑，却古朴自然，几个年长的村民，坐在亭内闲聊，眼神却不离跑上跑下的孩童们。我们从亭阁旁绕过，迎面是笔直的“进士街”，走到街的尽头，是岩头村的礼制中心：迎面一座进士牌楼，明代金氏村人中进士，由大理寺左寺右寺副，迁任端州知府，由嘉靖皇帝赐立此牌楼；西侧金氏大宗祠，面朝南，是楠溪江同类建筑规模最大的一座；与大宗祠隔街相对，是一座清代的贞节石牌坊；北面是“仁道门”，为纪念金氏始祖广施仁德、赈济灾民的义举而建的门楼，也是苍头村古时的正门。

村内水系也有特点，设计科学，布局巧妙，可以用水利工程来形容：宋末明初，先民引溪水入村，沿路建诸多涵洞和节制闸，疏浚畅通，调节流速，并挖掘多座人工湖，蓄积水源，用于饮用、洗涮、灌溉、观赏等，最后，再流出村外，形成“源头活水来”的网状水系。

游历岩头村，留给我最深的印象是人与自然的和谐共存，民居和风光的浑然一体。人间世外桃源，并非神话传说，丽水湖畔就是可寻之地。

沿丽水街出村，站在村东门前，我侧身回望，阳光下，丽水湖波光粼粼，碧纹荡漾，把整个古村都染成了绿色。

◀ 村内水系也有特点，设计科学，布局巧妙

尚未开发的古村落

还是那天在苍坡村，我们遇到几名大学生，正在搞古民俗调查实践。他们告诉我，楠溪江的上游，有个尚未开发的古村，绝对的原始风貌。所以，离开岩头村后，我们沿楠溪江逆流而上，来到这个山坳中的屿北村。

在村口下了车，果然，没见村门等任何装饰性建筑，只有迎面楼房山墙上，绘着粗糙的山水画，留白处写着“千年屿北，尚书故里”几个大字。

举目四望，这里三面环山，一面临溪，自然环境清幽。屿北村为宗族聚居地，以汪姓人家为主。据《汪氏宗谱》记载，屿北村始建于唐代中叶，南宋初期，吏部尚书汪应辰与其弟汪应龙，被秦桧奸党迫害，逃避至此，见青山叠翠、绿水环绕、土地肥沃，随即隐居下来，为该村汪氏一族始祖，迄今已繁衍35代。

古时的屿北村，规划严整，布局讲究，环村建有寨墙，9座寨门出入，墙下开凿护寨河。如今，护寨河还在，我们从河上石桥走过，还能看到有残余寨墙。进了村，寨河一侧，竖立一座水泥纪念碑，碑文刻“屿北武装起义纪念碑”，碑体造型别致，三节基座，顶部为传统的飞檐式样，碑后有间小屋，标注是纪念馆，四周用铁栅栏相围。

村内的街路，全部铺设卵石，大大小小，虽不规则，却如天然形成，只是破损严重，边沿裸露着地面。也许是取材方便，路旁的院墙，也是大块的石头，看似不经意的垒砌，却有别具匠心的韵律美。墙角的青苔，石缝的茅草，又增添了难得一见的天然野趣，估计走遍楠溪江流域古村落，已很难见到这般原始景象。

没有导游类的标志，我们只能在村里“盲”行。村子三面依山，民居基本坐西朝东，从建筑风格看，多为明清及民国时期所建，而且是院落结构，三合或四合院，院门朴素简洁。我往几家院内窥视，灰瓦悬山顶，梁架的结构，为抬梁式与穿斗式结合，石雕柱础，木格门窗，墙壁双面抹灰，显得干净利落。经过的这几个院落，我发现，其中大都有典雅的“堂”名匾额，镶嵌门楣或墙壁上，如翕和堂、茂秀堂、三进九名堂、阳和堂、乐德堂、钟寿堂等。

路过“积善堂”时，院门开在旁侧，房山和院墙相夹，形成狭窄的甬道。我们见院门敞开，便不请自入，悄然走进去。里面是四合院，庭院宽阔，地面铺满卵石，两层的木楼，建在三级台阶之上，表面的板壁，

▼ 护寨河还在，我们从河上石桥走过，还能看到有残余寨墙

木质袒露，印满岁月痕迹。一层瓦檐前探，形成环形通廊，廊下的生活用具，摆放齐整。院内静悄悄，虽不见人影，却散发浓浓的生活气息。廊柱上贴着“有情红梅报新岁，得意桃李喜春风”的楹联，你会有这样的感觉：几百年来，寒来暑往，日月轮回，他们一直就是这样生活着。

有村民告诉我们，如从空中往下看，屿北村如同一朵莲花。据他们讲，当年汪氏先民建村时，为纪念始祖汪应辰、汪应龙为官清廉，取当时周敦颐的《爱莲说》“出淤泥而不染，濯清涟而不妖”其意，将村子布局为莲花形状，重峦叠嶂的遮荫下，兀自绽放在楠溪江畔；也寄希望后代“出官则清正，出士则清高”。按照当时规划，村中央的位置，也是“莲花”中心，向四方辟出中心街、北门街、下街路、北门路等主街，沿线主要建造民居，外围营造7座宗祠，分布村落四周。也许是我们没有找到，或是这些宗祠大都消失，走到南寨门附近，我们才看到一座“尚书祠”，也是屿北村“汪氏大宗祠”。

屿北村初建时，共有9座寨门，如今所剩无几。这座南寨门简陋古朴，几块石板搭建而成，只能算是一条通道，估计是近年复建的。而不远处的牌楼门，可谓高台大榭，耀眼夺目。整体为木制，立在石基之上，看造型风格，应为明代时期所建造，三间四柱，中间开门，两侧壁板质朴无华，前排又有4 根木柱，与粗硕的月梁相交，支撑出一块灰瓦屋顶，下面设美人靠，形成可供人歇息的亭阁。再看大门上方，悬挂“樾国流芳”匾额，竟然为乾隆皇帝所赐。我有些怀疑，问牌楼里坐着的老妇，她解释了半天，我一句也没听懂。

▼ 大门上方，悬挂“樾国流芳”匾额，竟然为乾隆皇帝所赐

从牌楼下穿过，一抬头就

▶ 从牌楼下穿过，一抬头就看到了“尚书祠”

看到了“尚书祠”。一座嵌石照壁立在祠堂正门处，正面刻“物华”二字，后面是“天宝”，门前竖8对石质旗杆夹，昂然屹立，代表汪氏世代科甲连登的荣耀，旁边那株800多年的银杏树，枝繁叶茂，傲视凡世。“尚书祠”又称“敦睦祠”，“国”字形三进院落，始建于南宋淳熙十三年（1186），明清以来陆续几次修缮。汪氏先祖汪应辰及其子汪逵皆为吏部尚书，故以“世尚书”标榜，如今，祠堂里仍挂着“世尚书”牌匾。我们走进最后的大堂，里面供奉始祖灵位，也许是年久失修，显得陈旧腐朽，一幅“敦睦”巨匾，悬挂在大堂正中，赫然入目。汪应辰18岁高中状元，汪应辰、汪应龙兄弟及其儿子“一门三进士，父子两尚书”，不但汪姓族人引为骄傲，而且影响了村内他姓后人。一个小小山村，文风鼎盛，人才辈出，曾出过1名状元、8名进士、10名贡生和秀才，为当时少有的奇迹。

“尚书祠”不远处，一方池塘，水质清澈，荷花碧绿，有小桥连接两岸。桥边一条帆船，静静浮在水面，帆布鼓张，上面书写“有一种乡愁，能让你一生记忆”。我们走到池边，见水里游动很多金鱼，旁边有卖鱼食的，买了一袋，扇面般撒入水中，观赏鱼儿戏游，仿佛回到恬静的旧日时光……

街面的卵石，圆润光滑，走得时间长了，脚底便有酸痛之感。于是，我们放慢脚步，便有了更多的发现：几座古老的水碓，依靠水的流动为动力，用来磨粉和舂米，早已没有了使用价值，却仍然保留在村里；村子北口外，立有汪应辰的雕像，虽是近期所造，雕琢技艺却属上乘；附近明代的石拱桥，完全被绿植覆盖，已看不出桥身木原的面目……

听村里老人说，今天的屿北村里，还有汪应辰墓、昭福寺、中共瓯北中心县委旧址、屿北武装起义纪念亭、屿北宫等文物古迹，保存尚好，基本没遭到毁坏，因此，该村2010年入选为“中国历史文化名村”。

屿北村，安静祥和，楠溪江流域典型的耕读文化古村落。

村里没有一家商铺，走了半天，我们有些口渴，肚子也饿了，所以不愿再走，想着快点离开。听一个村民说，近期，屿北村与某旅游公司联合，已开始投资开发，古村面貌将焕然一新。杞人忧天，我又有些担心了，如果只顾经济效益，忽视对现状的修缮和保护，也许承包期结束，古村将会面目皆非。但愿不会。

▼ 屿北村，安静祥和，楠溪江流域典型的耕读文化古村落

古风林坑

楠溪江源头，一个小小的村落，隐匿在苍翠青山之中，是天工造物，还是人力所为？

一条崎岖的山路，走着走着，走到尽头，就是这个村子了。下了汽车，我抬头仰看，一座高高的牌楼，立在路中央，上面的匾额，两个烫金大字："林坑"——四周环山，林木繁茂，故而村名"林坑"，虽非诗情画意，却是也蛮形象的。这里有停车场，不用买门票，只收停车费。

▲ 四周环山，林木繁茂，村名"林坑"，虽非诗情画意，却是也蛮形象的

往村口走的路，是几百米长的缓坡，用块石铺设，宽敞又平整。路旁，一条清冽的溪水，从村里流出来。我想，应该是周围山上的泉水，顺势而下，汇成湍急的溪流，涌向山外的楠溪江。走到村口处，地势如葫芦嘴，随着脚步前移，视野渐渐拓宽，一幅巨大的天然画卷，徐徐展现眼前：层峦叠嶂，白云缭绕，竹木青翠，溪湍谷深；一幢幢灰瓦木屋，依山层叠，错落有致；沟壑之间，石桥凌空飞架，将蜿蜒起伏的山路串联起来，人居与自然融为一体，天衣无缝。共存共生的原始生态环境，令人惊叹和羡慕。

林坑村始建于明代，先祖为毛氏，原籍江西吉安，为逃避战乱迁徙到此，至今700多年，已传45代。毛氏一族所以选择这里，还有一个传说：其先祖喜欢狩猎，因追逐一只黄鹿，夜宿一片林地，第二天早晨醒来，发现此地森林环抱，林竹繁茂，水草丰美，便就此安家落户。目前，村中100多户人家，多数是毛氏家族。

再往里面走，两条岔路，一条横跨溪河，一条沿河上坡。跨溪的是一座木廊桥，敞开式结构，四面通透，木柱斜插桥头基石，支撑桥体牢固平稳，3段屋檐，中间高，两头低，灰瓦覆顶，桥栏设为美人靠，我站在远处，从相机镜头里看过去，就是一件木桥建筑的艺术精品。拍完照片，我们走到近前，见桥檐下挂有匾额，上面写着“沉香桥”，却不知何时所建？桥边有卖山货的农妇，听了我的问话，她面露笑容，大声告诉我：“是宋代留下来的。”我大为惊讶：宋代的木质廊桥，中原地区已不多见，在这偏僻山村能够看到，而且保存如此完好，大饱了我的眼福——但愿真是宋代建筑！农妇看我围着廊桥，上下不停地拍照，回头指了指，说往上走，里边还有两座木桥。看来，常有人来此游玩，连村民也具备“导游”意识。

▼ 桥檐下挂有匾额，上面写着“沉香桥”，却不知何时所建

▲ 山顶两股清泉，倾泻而下，冲刷出两条陡深的河道

村里的民居，全都建在山坡上，山顶两股清泉，倾泻而下，冲刷出两条陡深的河道，将坡地割成几块。往坡上的几条路，采大块的石头，沿着河道砌筑，由于水流湍急，河里巨石密布，路边均设置石栏，保证行走安全。

农妇说的往上走，是指山坡上的民宅聚集区。

我们没过廊桥那边，沿着溪旁的石路，径直向坡上走去。一块巨石立在路旁，上面刻“林坑”二字，落款：丁亥之春 潘锦夫（永嘉县生人，台湾著名书法家）。巨石后面，一座石拱桥，桥身嵌有“永安桥”字样，横

▲ 林坑村的民居，是典型的浙南山区木结构建筑，造型古朴简拙

卧坡下水流平缓处。过了石桥，是向上的几十级石阶，粗糙坚固，紧贴溪流深谷，旁边有石栏相护。拾阶上去，是一块略倾斜的平地，地面厚厚的条石，几幢两层的木板楼，顺地势起伏而建。

林坑村的民居，是典型的浙南山区木结构建筑，造型古朴简拙，多为悬山式，屋檐前探，既遮阳又挡雨。一座较大的老宅，挂着“赵立群纪念馆”牌子，我上前询问得知：赵立群是凤凰卫视中文台副台长，2001年9月2日，在林坑村航拍《寻找远去的家园》电视系列片时，因驾驶的超轻型飞机撞上高压电线而坠毁，不幸以身殉职，将自己的生命轨迹定格在这青山绿水间。村人为纪念这位“中国航拍第一人”，将村委会办公室改造为纪念馆，林坑村也因此成为一个旅游热点。

一家客栈的外墙板壁上，挂着兽皮、竹篓等物件，还有几张画板，绘有图文和剪报，介绍林坑的地名传说等。

离开这里，我们登阶继续向上，里侧是凸凹的石壁，也是上面木楼的基础，外侧是十几米深的溪谷，又一座更大的石桥，横亘在溪谷之上。桥栏的石板上，

▶ 村子最高处，几座规模较大的木楼，衔接石壁砌筑上来

刻着“永平桥”，与下面的永安桥，结构造型相同，如同姊妹桥，只是这座跨度更大，而且建筑年代稍远，桥身石缝中一丛丛茅草，让它的面容多了几分沧桑。从这里再往上，就到了村子最高处，几座规模较大的木楼，衔接石壁砌筑上来。这些木楼的一层，都是敞开式的厅堂，外侧用美人靠相围，居住观景俱佳，难怪都开设为客栈，“林仙阁客栈”“太和堂人家”“山村客栈”等，犹如“楼宇仙台”。在此小住几日，依偎美人靠上，俯瞰山村，品茗赏景，该是人生不可多得的修养身心的佳处。

我往溪谷里望去，水质清澈，巨石凸现，一农妇手提竹筐，从石阶走下去，蹲在一块石头上，洗涤筐里的干菜。也许是时间宽裕，她并不着急，慢条斯理，还不时抬起头，看一眼端着相机的我。

站在这里，俯瞰全村房屋，看不到楼台亭阁，也没有高院深宅，更没有任何现代建筑，全部是山地式民宅，石基、木壁、青瓦，沿山坡层层叠叠，看似零散无序，随意搭建，却是依山就势，利用地形地貌，天然灵动，野趣盎然，无序中显自然，变化中见统一，因而更有一种别样的天然和谐之美。

林坑村的这片民居，在整个楠溪江地区保存得最为完整，大多有

百年以上的历史，其中最古老的一幢木屋，已超过200年，仍然有人家正常居住。细看各家房屋，结构不同，造型各异，单檐的，双檐的，各有千秋；建在溪水旁的，多为双层建筑，石基高筑，固若城堡；地势平缓处的，整体以木质为主，又辟有小庭院，绿荫覆盖。溪谷对面，一排两层楼的横屋，显得格外瞩目，应该是几世同堂，或是同宗几户共居，一楼是通透的厅廊，也是各家的公共区域，据说是楠溪江流域山地民居的典范。山里水汽大，常年的浸润，使得屋顶灰瓦黑如涂墨，格外凝重，与四周秀丽山水形成色彩反差，构成林坑村独有的民居特色景观。我又幻想了：清晨，云雾缭绕，鸟鸣山静，溪水潺潺，老屋沉睡，神仙境地也不过如此吧。以前，我对“天人合一”的先哲思想，没有过多的体验，蓦然，我似乎感悟到，宇宙间，自然是大天地，人则是其中的小天地，本质相通，人和事物顺乎自然，前提是和谐共存，所以天人合一不仅是一种意识，更是一种状态，林坑村这里的淳朴与安详，不正是这种中华传统文化的完美体现吗。

我突然有了冲动，想攀爬到山顶，体味一览众山小的意境。抬头观望，不远处的绿树遮掩下，又有一座木廊桥，孤悬在溪口之上，便抛下同伴，独自走过去。桥檐下木匾上，刻字“永利桥”，基本架构与村口的沉香桥相同，只是规模略小些，但从粗硕的月梁等处看，明代特点更为明显。跨过永利桥，往左是去山顶的石道，拾阶而上，四周寂静，不见人影，溪水越发清澈。我走

◀ 桥檐下木匾上，刻字“永利桥”，基本架构与村口的沉香桥相同，只是规模略小些，但从粗硕的月梁等处看，明代特点更为明显

了一段，气喘吁吁，体力有些不支，只好遗憾地返回。

下来的路上，过了永平桥，在一幢木楼的侧面，我们看到又一座木廊桥，架在高高的石基之上，下面是另一条从山上下来的溪河，又宽又深，水流却几近干涸，估计丰水时节，一定是激流汹涌，否则两边河基不会垒得如此之高。这座廊桥建得精巧，只用8根立柱，支撑覆瓦廊棚，檐下一块木匾，上面写着“永吉桥”。我算了一下，全村共有5座古桥，3座木廊桥，两座石拱桥，除了村口的沉香桥，名字都带有“永”字，便猜想：以前只有沉香桥名，其他的桥当时并没有名，而是后人统一所起的。

林坑村，一个鲜为人知的小山村，无须赞美它的山水秀丽，仅凭这3座木廊桥，便可在中国桥梁史上占有不可或缺的位置。我查阅过资料，书法家王羲之、山水诗人谢灵运，都曾担任过永嘉郡守，造就了楠溪江流域的人文理念和耕读文化，因此林坑村的世代村民，满腹山水情怀，懂得如何建设自己的家园，懂得与自然环境共存共生，从而古风悠然，地久天长。

▼ 林坑村的世代村民，满腹山水情怀，懂得如何建设自己的家园，懂得与自然环境共存共生

往回走的路上，在沉香桥边，又遇到那位村妇，她劝我们住下来，说她家就是客栈，早晨爬上山顶，可以看到更美的景色。我们犹豫片刻，还是走了。

上了汽车，我回望一眼，湛蓝的天空，几缕白云飘在村子上空，那么地纯净，看一眼让人心里发颤。我神情恍惚了：天哪，我们就是从那里走出来的吗？

◀ 迈进村门的瞬间，眼前便是一片闪亮。卵石铺设的巷路，本来就不宽，渠道几乎占了一半

问渠那得清如许

前童也是个镇，镇内有两座山丘，塔山和鹿山，两山之间住着2000多户人家，绝大多数姓童，这便是前童村，也是我计划中要寻找的古村落。

停车场在村外，沿公路走一段，到了丁字路口，就是前童村了。复古式的村门，建得高大气派，门前的车水马龙，丝毫没有影响它的端庄肃穆。

我相信，所有初次走进前童村的人，都会被村内的水渠所震惊：迈进村门的瞬间，眼前便是一片闪亮。卵石铺设的巷路，本来就不宽，渠道几乎占了一半，渠壁及底部，也全部卵石砌筑，有的边沿处，还镶嵌了条石，每户人家的门前，铺有石板出入，旁边搭出小台阶，方便取水和洗涤物品；再看渠水，丰沛满盈，清澈见底，表面看似平静，实则暗流涌动，还有锦鲤在水里游动，多数体长过尺，颜色艳丽。扑面而来的湿润空气，让人顿感神清气爽，我们不由得停下脚步。

“问渠那得清如许”，村人告诉我们，是他们祖先的功德，恩泽世代，受益至今。据史料记载，前童村的始祖童潢，当时官居迪功郎的士大夫，于南宋绍定六年（1233），携全家由台州迁入这里，居住在惠民寺前（该寺现只存遗址），始建“寺前童村”，俗称前童村。建村

▲ 前童村的始祖带领族人，筑堤修渠，引附近的白溪水入村，形成“家家绕水，户户贯流”的村貌

伊始，当地无水利设施，耕作取决于天时，童潢带领族人，筑堤修渠，引附近的白溪水入村，统筹规划布局，水渠和街路相连，形成“家家绕水，户户贯流”的村貌。川流不息的溪水，挟山川之灵气，万物之精华，流入各家的房前屋后，滋润人们的心田，使古村成为“天人合一”人居佳境。

沿水渠往村里走，路面硬硬的，让我们外乡人脚步快不起来。街巷两边的房屋，墙院相连，脊檐相映。700多年的古村，留下一大批明清古建筑，多达1300多间，包括150多套四合院。让人欣喜的是，因为都居住人家，老屋保存得完好，看不到残垣断壁，也没有一处废弃的，虽然略显苍凉，却难掩曾经的庄重华贵。因为相邻水渠，很多屋基也用卵石垒砌，与街面连为一体，看上去非常坚固。

前童村众多古建筑，归于童氏家族世代耕读传家的精心营造。早在明代初期，童氏先民就筹建了“石镜精舍”书院，礼聘当时的大儒方孝孺教授子弟，随之更多的书院相继建立。方孝孺所讲的“读书不求闻达，亦足变化气质”，成为童氏家族信奉的人生要旨，他们以“诗礼名宗”为训，以平常心态看待世事，并不刻意追求学而优则仕。如此独有的气质，反而成就了前童村的人才辈出，明清两代，仅童氏一族获取功名者就达200余人。今天，我们有幸到此，斯人音容无处可觅，只能通过这些老屋古宅，以追慕他们儒雅飘逸的身影。

“职思其居”，就在我们站立的身后，挂着“西邨”匾额门楼的巷道，走进去即是。一座偌大的四合院，清代嘉庆年间所建，原房主是清代举人，童氏家族的成员。红条石门框，门楣红石匾上，刻有“职思其居”4个字（全句为“无已大康，职思其居”，出自《诗经·唐风·蟋蟀》，意思是：不可太享福，本职得承担）。横框上是家箴：“告往知来，一隅可发；未雨绸缪，诎义通达；量入为出，礼言周匝；廑俭成家，唐魏足法；山西垊间，今时气甲。”主人将祖训刻于门前，抬头就能看见，可谓用心良苦。我虽不全懂其意，但仅是“量入为出，勤俭持家”，便可作为“齐家”的基本准则。进入里面，宽敞的庭院，地上拼成图案的卵石，四周二层的小楼，灰瓦木壁，花格雕窗，廊檐环通，悬挂大红灯笼。中堂即为客厅，不设楼板，直通屋顶，明亮通透。院内晾晒着衣物，有人从屋里走出，我向他询问，对方介绍说，当年三代同堂，老幼尊卑，其乐融融，1905年在此创建了启蒙学堂，后改为前童小学校，现又恢复民居。

从这座院落出来，北面紧邻的宅院，名为“明经堂”，清代同治年间由童氏族人所建。重檐台门的额枋之上，高悬一块“明经”匾额，标明为浙江学政奉旨亲笔所题，赠予时任县学训导的那位童氏先祖。所谓“明经”，据我所知，是指通晓儒家经学，唐代列为科举考试科目之一。以“明经”做宅名，体现了学而优则仕的儒家思想，也是宅主人生理想的真实写照。左右门墙上刻有“礼仪”“孝悌”4个砖雕篆字，更是儒家道德准则的内容。宅院坐北朝南，二层四合院结构，由倒座、两厢、正殿组成。天井中央，用卵石拼砌成狮子滚雪球图案，看上去十分逼真，故此宅又称“狮子明堂”。正厅中堂立柱间，悬挂一块黑地沥金旧匾，上面的“敦伦凝道”已很模糊，是教育子孙敦厚朴实，遵守伦常，追求最高境界的人生大道。宅院不见有人居住，却收拾得干净利落，我想应该专为游人参观之用的吧。

▶“狮子明堂”正厅中堂立柱间，悬挂一块黑地沥金旧匾，上面的“敦伦凝道”已很模糊

▶ 匾额下方，竖立一组木雕屏风，上面用金粉写满文字

▲ 似乎所有的地方，都是精美的木雕艺术，图案纷繁，寓意各异，让人有眼花缭乱之感

从“西郇”巷道出来，沿主街继续往村里走。我发现，万人生活的大村，却很少见到村民，偶尔在渠边或院门前，有闲坐着的老人，衣着洁净，面容慈善，目光随着你转，似乎和他一对视，就能和你搭话。

临街的“泽思居”，远处只看到马头墙，待我们走进院内，才发现它的不凡气势。这座清代初期的建筑，坐北朝南，由正屋和东、西厢房，倒坐组成，因主人官居一品，故又称“宰相府”。宅院恢宏大气，厅堂轩敞，廊柱挺拔，完全是明代的建筑风格。中堂正中上方，挂悬“俾炽而昌”匾额，此句出自《诗经》，原句为“俾尔炽而昌”，意为不太炽烈的燃烧，得以长久的昌盛。匾额下方，竖立一组木雕屏风，上面用金粉写满文字，我扫了一眼，好像是原主人的生平。不过，最吸引人眼球的，还是整座建筑里的木雕，光彩炫耀，巧夺天工。我上下环顾，雀替、横梁及窗格处，似乎所有的地方，都是精美的木雕艺术，图案纷繁，寓意各异，让人有眼花缭乱之感。比如中堂的正梁上方，雕刻的是福、禄、寿、禧图案，“四仙迎宾”体现了主人的待客之道；东西两侧的月梁上，分别是5只仙鹤和百鸟朝凤图案。我知道，清代官服的图案，仙鹤代表一品文官，而百鸟朝凤，有君主圣明、天下依附之意，这些图案不仅反映主人的人生追求，也表明普通人家不可任意雕塑。堂厅里旁侧位置，摆放一台雕花大轿，当然是复制品，据说如果是真的，要16个人才能抬得起来。中堂里精湛的木雕，几百年过后，依然熠熠生辉，让人赏心悦目，又醇厚如醴，出来走到街上，我仍能嗅到甘甜的芳香。

这条街巷上，有一口古水井，凿于清代中期，因为挨着500年前“花桥”，村民叫它“花桥井”，按地层水资源分布，井水属地下水，河水属地表水，这口井紧邻水渠，彼此落差近10米，可神奇的是，近200年来，渠水从没渗到井里，真应了那句“河水不犯井水”。古井早已弃用，村民却拿它当祖传的宝贝，一直爱护有加，用木包铁做成井箍，放置圆形井口之上，防止人为的碰撞。我往井里看了看，依稀可见水泛白光。

▲ 这条街巷上，有一口古水井，因为挨着500年前“花桥”，村民叫它“花桥井”

前童村人口多，房屋建得稠密，却整齐划一，沿街排列有序，连我们这外乡人来了，看了都觉心里舒坦，想必这里的村民，世代安居，该是多么逍遥自在。由此我又想到，如今有些地方的村屯，缺乏规划，房屋乱建，村路随意，相比几百年的前童村，不知该有多大的差距！

路过一个普通小院，大门敞着，门里坐着一位老妇，捧着一本旧书在看，神态专注，令人随之入迷。正在愣神儿的工夫，老人却仰头问我：“大祠堂去了吗？”我没听懂，她又解释，是他们童家的祠堂。她又站起身来，边说边用手指，见我点了头，才又坐下，捧起书，不再理我。

按老人的指点，我们直奔童氏宗祠。走到半路，见一座高大的砖雕门楼，挂着“前童民俗博物馆”木牌，听门口管理人员说，这是浙江省首家村级博物馆，我们便饶有兴趣地走进去。里面是两层的木楼，原为童姓人家的大宅院，新中国成立后改为粮仓，1998年开设为民俗博物馆，陈列着许多当地的生产和生活用品，包括各式农具、服饰、油灯、陶罐器皿等，还有婚庆礼仪等文图解释及凤冠霞帔、八抬大轿等实物。这里的村史介绍，前童还是个五匠之乡，尤以木匠和雕刻为代表，村里的每户人家，几乎都保存着清代或民国时期的家具，包括雕花床、八仙桌、红橱、篾丝箱等。我们楼上楼下转了一大圈儿，边看边为前童人这一善举而感动，小小的民俗博物馆，收集的不仅仅是普通的民间物品，更是黎民百姓生活轨迹的记录，中华民族生生不息顽强精神的传承。

童氏宗祠，村内规模最大的古建筑，但从外观看，并不是高大威严的那种气派。3个拱形石门，朴实无华，只在大门上方，绘有太阳和月亮，而且工艺粗糙。祠堂管理员解释，原来是石雕图案，因历史风烟而损毁，近年才重新装饰。门前竖立4对旗夹石，均是原物，侧面的松

▶ 按老人的指点，我们直奔童氏宗祠。走到半路，见一座高大的砖雕门楼

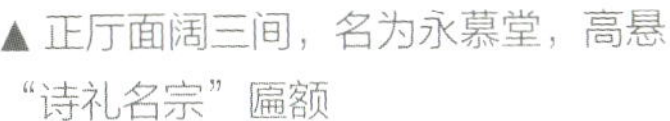

▲ 正厅面阔三间，名为永慕堂，高悬“诗礼名宗”匾额

▲ 走到厅外，是封闭的四合院，地面铺满卵石，有戏台和两侧厢房，连接两个后门

鹤鹿图案，雕刻得果然精美，中间两对尚存旗杆，左右的两对，只剩下旗夹石，分别为清代童氏族人中举人和选中的贡生而设立的。管理员又介绍说，这座祠堂建于明代洪武十八年（1385），由明初大儒方孝孺设计，西厢曾辟为他的祠堂，保留至朱棣将其诛灭十族后（方孝孺是中国历史上唯一被诛十族的大臣）。我们随管理员走进祠堂，正厅面阔三间，名为永慕堂，高悬“诗礼名宗”匾额，原为方孝孺亲自题写，清代康熙二十四年（1685）重立，现在题字是由童氏后人所书写。梁柱间还挂置众多的匾额、对联、祖像等，满堂生辉，让人心生敬意。厅内立有32根大圆柱，象征童氏当时32房派，圆鼓形的柱础，覆盆式的磉盘，为明代建筑的特色标志之一。她边走边介绍，明代中期以来，每年的元宵节，村里都要举办活动，纪念童氏的祖先童濠，大街小巷，锣鼓喧天，也是祠堂一年最热闹的日子，连周边村子的人都赶过来，这个传统一直延续至今。走到厅外，是封闭的四合院，地面铺满卵石，有戏台和两侧厢房，连接两个后门。厢房建有角楼，飞檐翘角，造型别致。院内角落里，竖有一块石碑，2米多高，清代道光三年（1823年）所立，是童氏家族的“祖训碑”，但字迹模糊，很难辨认。这位管理员是本村人，我猜她是童家后代，她点头称是，随手拿出《童氏族谱》，说祖训都记载上面了，共有10篇。她翻开一页，指给我看：“凡宗人居官，当思爵位锡之国恩，俸禄出于民脂，务须忠勤清慎，上不欺君，下不虐民，方昭无忝厥位。如莅任贪酷，非身其祸，子孙必罹其殃。”虽然有的词语生涩，我一时不懂其意，但大体意思明白了。这些所谓的“为官之道”，今天看来，仍然振聋发聩，大有可以借鉴或遵从的现实意义。

告别女孩儿，我们从祠堂后门出来，又看到一口水井，井栏呈方形，同样也用木框套护，旁边墙上挂着木牌，上面标有说明：井在祠堂房后，同是明代初期所立，被称为“祠堂后井”，除了饮用，还是村里酿酒最好的井水，原是童氏家族自用井，后来为周围村民共用，成为全村最大的井，可同时用4个桶打水。战争期间被手榴弹击中，导致地表开裂，井水从此经常泛黄，以至无法饮用，如今村里的老人们，常坐在旁边“望井兴叹”。

在这条街巷，还有一幢民国建筑，普通的四合院，却有个响亮的宅号“好义堂”。宅主也是童氏族人，民国期间，当地有人染上鸦片毒瘾，他将这些人收养家中，出资帮助他们戒毒，从而名声远扬。时任县长为表彰他济世为民的好义精神，亲笔题赠“急公好义”匾额。我们进院抬头一看，就是厅堂檐下的这块匾额，黑底金字，略显陈旧，估计应该是原物。“急公好义”，意为热心公益、爱帮助人，我对此类匾额不陌生，曾在多个古村祠堂里见过。厅内中堂桌椅，四壁字画，陈设温馨雅致，看得出今天的主人，仍然怀有博施济众的涵养。院内悄然无声，不见有人出来，我们不便贸然闯入，只好转身离开。

看了街旁的路标，我们才知道，这条街是南大街，也称“老街”，是村里保存至今的唯一古街。街面原本不宽，又多了水渠，显得狭窄又精致。两旁多是木板店铺，没有特别装饰，仍然保留原有面貌，货品种类多，屋里放不下了，就摆在门外条石上，有人来买东西，顺手先拿在手里，再去屋里交钱。徜徉这条街上，脚下卵石路，路旁清流水，粉墙黛瓦，雕花窗棂，重檐门楼，这样的景致，这样的日子，过起来才有滋有味，即使萍水相逢，抑或远走他乡，日后品嚼起来，也是回味无穷。

老街路西一条窄巷，我们刚走进去，首先看到高耸的马头墙，五叠左右对称，呈“五岳朝天”之势， 是典型的徽派建筑符号，墙面雕花石窗之上，塑有“群峰簪笏”4个楷体大字。簪笏，即冠簪和手板，古代仕官所用，比喻官员或官职，我猜想，群峰怀抱，考取功名，该是童氏族人的美好愿望吧。转到宅院正面，两扇黑漆木门，八字形台门，里面正屋三间，连着两侧耳房，厅堂为明间，裸露着原来的墙体。外墙嵌饰的石花窗，图案各异，透着活泼趣味。这座清代嘉庆年间的建筑，主人为童氏乾隆年间的举人，当时，他效法“孟母三迁”，将此宅建在“尺木草堂”书院的旁边，如今书院已无踪影，只有这“群峰簪笏”，

▲ 院内悄然无声，不见有人出来，我们不便贸然闯入，只好转身离开

还在潜移默化影响着童氏后代子孙。

这条巷子里，还有一座小电影院，里面循环放映《理发师》电影，游客可免费观看。那位仙逝的艺术家陈逸飞，对前童村情有独钟，这部电影就是他在此拍摄的。我喜欢陈逸飞的画作，却不知道他还是导演，当然也没看过这部电影。

回到村门前，我们又停留在水渠旁。水里畅游的鱼儿，一群群簇拥着，自由自在，让我想起“问渠那得清如许”的下句“为有源头活水来”。前童村的昨天，当然源于童氏先民的聪明才智，源于儒家传统文化的世代传承；今天的前童村，则该归于村民的自觉保护行为。比如，至今完好的水渠，据说很久以前，村里就安排有专人，义务维修清淤等，保证溪水清新通畅，而且一直坚持到现在；渠里大量的鱼类，村里组织投放后，从没见有人捕捞，有的人家还主动买鱼苗、投饵料；配合古建筑保护，村里又组织了义务文保队、消防队、夜巡队等，听村民说起这些，我对前童村更加深了印象，估计日后很长时间不会忘记。

墙上贴着标语“除了你的微笑，什么也别留下”，我和同伴看了，相视一笑，满心愉快地走出前童村。

千柱屋

千柱屋，解释起来，是形容房子大，柱子多，说它“一幢房屋半个村”，也不为过。

▶ 房屋高耸，马头墙交错，午后的斜阳，洒在墙体表面，明暗分明，显得更为立体和直观

千柱屋在会稽山西麓的斯宅村。斯宅，顾名思义，以斯姓宅第命名的地方，古称上林，唐代中和四年（884），有斯姓人家从东阳迁居过来，繁衍生息，遂改名斯宅，至今繁衍50多代，为全国最大的斯姓聚居地。

我们从海宁过来，途经溪口，再往东走，驶入山谷之间，眼前豁然开朗了。四面环山，山上的毛竹清秀，苍翠欲滴，一条清澈的溪河，静静地流淌着，过了河上的石桥，便是斯宅村了。

路上，我还在想，斯宅该是个大村落吧，古建筑一定很多。到了地方，问了路人才得知：所谓斯宅，现在是乡的名称，全乡10余种姓氏，仍以“斯”为主姓，至于古建筑，只有千柱屋和下新屋、华国公别墅、下新屋、新谭家等几处。大半天的车程，既然来了，不能白跑一趟，而我们停车的位置，也正是千柱屋前的空地。待下了车，我扭头一看，立刻惊呆了：背倚葱郁山坡，面对潺潺溪流，一幢百米多长的徽派古建筑，房屋高耸，马头墙交错，午后的斜阳，洒在墙体表面，明暗分明，显得更为立体和直观。

千柱屋，名为“斯盛居”，建于清代嘉庆年间，

▲ 千柱屋，名为“斯盛居”，建于清代嘉庆年间，房主是当地著名的富商斯元儒

房主是当地著名的富商斯元儒。千柱屋不是一幢庞大的房屋，是由多个院落组成的建筑群。正面看，从东向西排列5扇门，均为重檐青石门楼，门楣上方，罩砖雕装饰，图案各不相同，人物、花卉、动物等，雕工精细，层次分明，堪称砖雕艺术珍品。正门居中，比别的门楼稍宽，制作也更为精美，门额刻有“于斯为盛”4个篆体字，是《论语》中的句子，意为“在此而昌盛”，因此得名“斯盛居”。将姓氏融于圣人之语，“斯”字一语双关，巧妙隐喻，显示出主人深厚的文化修养。门楼右侧，竖立一块黑石板，刻着“全国文物重点保护单位——斯氏古民居建筑群（斯盛居）”。

我们从正门进入。过了天井即是正厅，厅堂高大

宽敞，廊柱林立，房脊高挑，马头墙相围。厅内空旷，别无他物，只有上方悬挂多块匾额，正中是“五世同堂”，为主人亲立，斯家当时五世同堂，较为罕见，因而名重一时，两侧分别是“岁进士”“明经”“彤管重辉”“节孝”等。我偶然看见，北面照壁墙的檐下，嵌有一幅百马图，由21块砖雕连接而成，总长7米多，为53匹骏马，神态各异，栩栩如生，雕功细腻，据说是“千柱屋”的镇宅之宝。大厅两侧有石门，我们正想着先去哪边，恰好有人进来，70多岁的样子，手握保温杯，想必是这里的住户，我便迎前询问。他停下脚步，自称斯氏后人，面容慈善，嗓音洪亮，随即讲起这座“千柱屋”的情况。

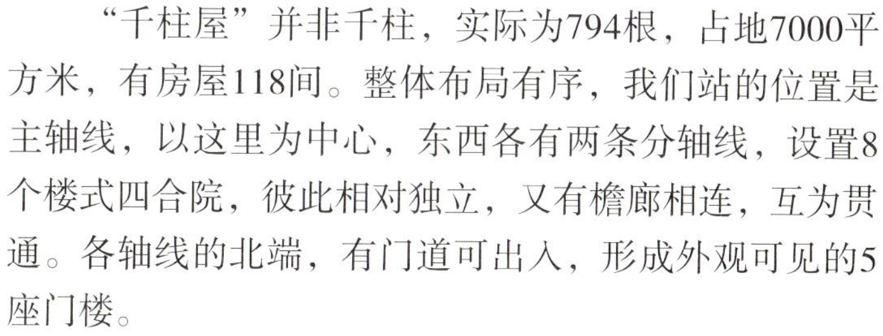

“千柱屋”并非千柱，实际为794根，占地7000平方米，有房屋118间。整体布局有序，我们站的位置是主轴线，以这里为中心，东西各有两条分轴线，设置8个楼式四合院，彼此相对独立，又有檐廊相连，互为贯通。各轴线的北端，有门道可出入，形成外观可见的5座门楼。

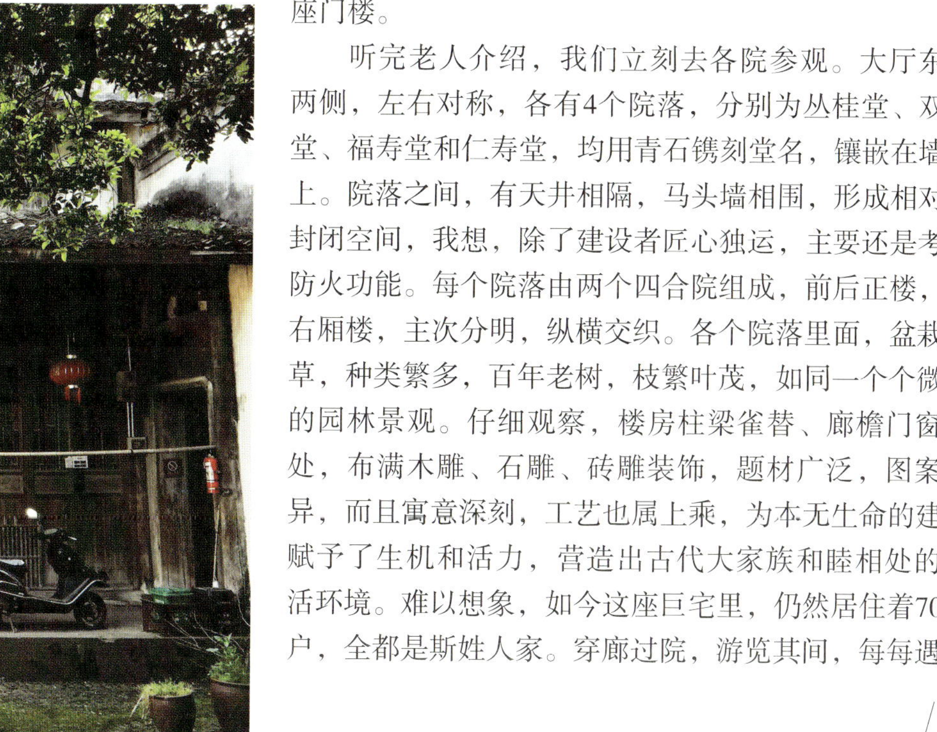

▼ 每个院落由两个四合院组成，前后正楼，左右厢楼，主次分明，纵横交织

听完老人介绍，我们立刻去各院参观。大厅东西两侧，左右对称，各有4个院落，分别为丛桂堂、双槐堂、福寿堂和仁寿堂，均用青石镌刻堂名，镶嵌在墙壁上。院落之间，有天井相隔，马头墙相围，形成相对的封闭空间，我想，除了建设者匠心独运，主要还是考虑防火功能。每个院落由两个四合院组成，前后正楼，左右厢楼，主次分明，纵横交织。各个院落里面，盆栽花草，种类繁多，百年老树，枝繁叶茂，如同一个个微型的园林景观。仔细观察，楼房柱梁雀替、廊檐门窗等处，布满木雕、石雕、砖雕装饰，题材广泛，图案各异，而且寓意深刻，工艺也属上乘，为本无生命的建筑赋予了生机和活力，营造出古代大家族和睦相处的生活环境。难以想象，如今这座巨宅里，仍然居住着70多户，全都是斯姓人家。穿廊过院，游览其间，每每遇见

▲ 如今这座巨宅里，仍然居住着70多户，全都是斯姓人家

他们，都会和你打招呼，有的还邀你进屋做客，好像你不是游客，而是他们远道来的亲戚。

离开“千柱屋”，我们驾车继续寻找，因为“斯宅古民居建筑群”还有“上新屋”“下新屋”等另外的几处。没走多远，就在路边看到了“上新屋”。

与“千柱屋”的位置相比，“上新屋”面街而立，宽度达80多米，蔚为大观。上新屋，又称上新居，也建于清代嘉庆年间，主人仍是富商斯元儒。上新屋规模稍小，面积仅3000多平方米，大门居中，没有侧门，同样是青石门楼，砖雕图案，门额上也刻有“于斯为盛”4个篆字。我们往门里看了看，里面静静的，便也悄然走进去。过了门厅是庭院，地面的石板，多处已龟裂，倒是几盆花草，点缀出早春的气息。厅堂建在两级台阶之上，空空荡荡，已无一物，黯然无光的立柱，彩绘残破的雀替，倔强地炫耀着曾经的显赫和奢华。从厅堂侧门进去，是封闭的院落，正屋5间，两侧厢房，门窗、梁枋、墙垛等处，满目木雕、砖雕、石雕，虽然“铅华洗尽”，依然“道骨仙风”，难掩昨日的大家风采。庭院之中，鱼池、石凳等，依然是原物，屋檐下，木架上，摆放很多竹编的圆簸箕，上面摊晾着烘干后的绿茶，散发着新茶特有的清香。

这户人家是制茶小作坊，一家三口在忙碌着，见来了外人，和我们打个招呼，递过一杯刚泡的新茶，正好口渴，品了一口，微苦不涩，香满唇齿，随即沁入腹内。两个大人埋头干活，不善交流，倒是他们的女儿，伶牙俐齿，说他们家种的茶，除有人来收购，也在网上零售。我每年都网购明前茶，感觉她家的茶味不错，问了价格，当然比网上便宜多了，便买了1斤。姑娘把茶包装好，给了我一张名片，说喝好了明年再买，她可以快递过去。

斯宅现存的古建筑，共有14处之多，全都是清代所建，其中的千柱屋、下新屋、华国公别墅，为国家级文物保护单位；上新居和新谭家为省级文物保护单位。姑娘告诉我们，那几处虽然不远，但分散在几个地方，短时间内走不全。此时，天色渐晚，我们不想再去逐一寻找。况且，我们来斯宅，就是为了看千柱屋，即已观赏完毕，心满意足，再无其他奢念。

此次古村落行旅，斯宅是最后一站。待过几天到家时，正是五一节日，饭后泡上一杯新买的绿茶，啜饮慢呷，神清气爽间，回味走过的浙江诸多古村落……这样想着，我们不觉加快了车速。

▼ 庭院之中摆放很多竹编的圆簸箕，上面摊晾着烘干后的绿茶，散发着新茶特有的清香

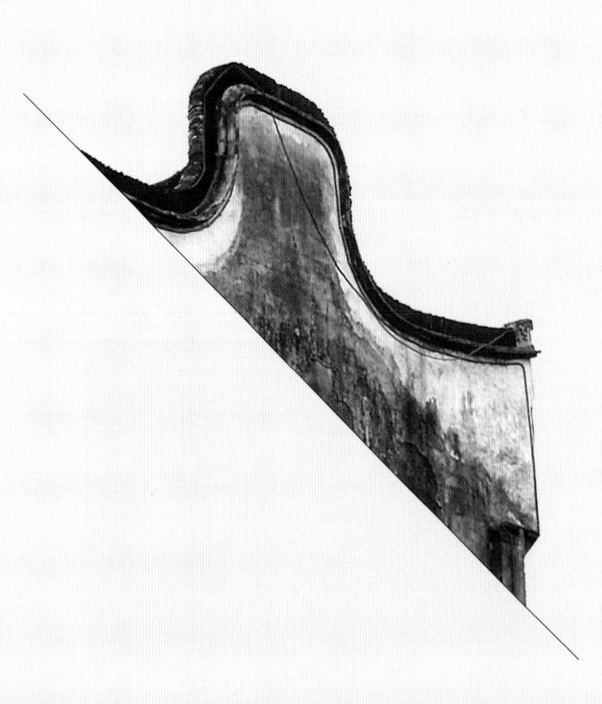

第二章 沪上水乡

上海周边的古村镇，想必已被现代社会所淹没，所以，我并没抱太多幻想。不料，走完朱家角镇，脚步便停不下了……

上海水乡第一镇

▲ 漕港河水碧清澈，随风微波荡漾，游船披红挂彩，往来穿梭，岸畔树冠成荫，游人如织

江苏诸古镇如果是小家碧玉，朱家角镇则为大家闺秀，又因靠近上海市区，门前熙攘的游人中，多了外国人的身影，相应增添了古镇的异域格调。

以为要买门票，我排队到窗口，原来不收门票，只卖里面单独场馆的门票，令人不由得感叹这里的大气。

阴雨几天，今天放晴了，跨入古镇大门，阳光洒满葱绿繁盛的场景，心里也暖了起来。漕港河水碧清澈，随风微波荡漾，游船披红挂彩，往来穿梭，岸畔树冠成

◀ 门槛上烫金牌匾，两侧高悬大红灯笼，加上密集拥挤的人流，好一幅江南水乡复古图

荫，游人如织，欢歌笑语。以水为界，古镇自然分为两半，两岸石板街面，蜿蜒曲折，路旁青砖黛瓦老屋，古色古香，多为明清时期建筑。沿河道南岸，我穿行在人流之中，且行且赏，耐心寻找古镇的历史余韵。

▲ 朱家角镇号称“上海第一大镇”

朱家角镇，宋元时已为集市，后因水运方便，商业日盛，至明代万历年间，逐渐形成集镇。清末民初，米业突起，带动了百业兴旺，一时成为百里以内的农副产品集散地，号称“上海第一大镇”。

古镇有9条老街，偎依漕港河各支流，呈巨大的扇面形，密匝的巷弄，石板小路，曲径通幽。据说，全镇有二十几条巷弄，穿弄走巷，犹如迷魂阵，我走进去几条，担心迷路，又赶紧转出来。有“长街三里，店铺千家”之称的北大街，又被誉为“上海明清第一街”，有400多年的历史，全长1公里多，靠近尽头的一段，300多米长，最具江南传统建筑文化的精华。两旁各类老店林立，主体建筑仍为旧式民居或阁楼，门框上烫金牌匾，两侧高悬大红灯笼，加上密集拥挤的人流，好一幅江南水乡复古图！漫步在此，我不知此时是何年，亦不知身心在何处。

走到北大街尽头，是漕港河上的放生桥，桥长70多米，宽约6米，五孔连

◀明代隆庆五年（1571年），漕港河南岸慈门寺的众僧，募款建造此桥，规定桥下只能放生鱼鳖，不准撒网捕鱼，故名放生桥

拱，为上海最大的石拱古桥。明代隆庆五年（1571），漕港河南岸慈门寺的众僧，募款建造此桥，规定桥下只能放生鱼鳖，不准撒网捕鱼，故名放生桥。石桥弧度很大，尽管无“生”可放，我还是走上桥顶，放眼四周。漕港河穿镇而过，北上汇入苏州河，而西面的淀山湖，迷雾茫茫，水天一色，令人心旷神怡，有远离世尘的感觉。放生桥边，集中了众多茶馆、咖啡屋，有装饰现代的，配置豪华座位，有年代久远的，排板门面，里面长凳木桌。我走进放生桥下的一间咖啡屋，坐在露天阳台，花30元买了一杯美式咖啡，慢慢品呷，静静观赏面前的古石桥，人生难得的些许雅兴。

离开北大街，跨过戚家桥，我沿北岸往回走。这座三孔石板桥，为明代抗倭英雄戚继光所建，清代雍正十年（1732）又重建，桥两侧的巨石护栏，历经200多年，如铮铮铁骨，与桥身浑然一体。古镇现存30余座古桥，构筑、工艺之壮美，江南其他古镇无可比拟，如三步之遥的“高低桥”，“微缩景观”的课植桥，“不忘国耻”的永丰桥，等等。

漕港河畔的圆津禅寺，建于元代至正年间，寺庙小巧，佛像也不多，却都精雕细刻，光彩夺目，庄严肃穆。据说，董其昌、徐乾学等人曾来此游览并题词，我进得庙内，也备感荣幸之至。另外，还有两处古迹，我没能进去参观，一是淀山湖畔的报国寺，上海玉佛寺下院，建于明代，崇祯十三年（1640）重修后，几百年来香火不断。二是200多年的城隍庙，外观看，青瓦黄

▼200多年的城隍庙，外观看，青瓦黄墙，飞檐翘角，花格落地长窗，古意盎然

墙，飞檐翘角，花格落地长窗，古意盎然的景象。

路过课植园，被园名所吸引，我停下脚步。这是古镇最大的园林，所谓“课植”，寓意“课读之余，不忘耕植”，觉得蛮有趣味，我便走了进去。原园主马文卿，是我国著名书法家。园内幽静清爽，建有亭台楼榭、假山水塘、石碑长廊等。碑廊内，有祝枝山、唐寅等江南才子的诗文碑刻数块，弥足珍贵。游人很少进来造访此处，是古镇难得的一块清静之地。

朱家角钟灵毓秀，人才辈出，明清两代出进士16人、举人40人，包括清代学者王昶、御医陈莲舫、小说家陆士谔等，以前，我对这些人物并不熟悉，今天相知，日后如看到他们的名字，定会有亲切之感。

古镇美食品种繁多，数不胜数，因为地处淀山湖，水产品更为丰富，白水鱼、螺蛳、河虾、大闸蟹、茭白、莲藕、荸荠等等，单看饭店的菜品标牌，就让人口水欲滴。正是午饭时间，里面吃客盈门，座无虚席，我仔细观察，认定以上海当地人为主，他们过来，多半是享口福吧。

朱家角镇距上海市区不到50公里，繁华的国际大都市，有如此绚丽的“后花园”，真是市民们的福分。

江南桥乡

▲这条市河南北贯穿全镇，河面宽阔，又有若干支流汇入，与主流纵横交叉

和火热的朱家角镇相比，这里“冷若冰霜”，不见游人，连当地人都很少。也难怪，这个建于宋代初期的金泽镇，除了7座古桥，老建筑所剩无几，估计人们早把它遗忘了吧？

恰恰相反，正因为这几座古桥，金泽镇才得以串联古今，成为名垂千古的江南名镇。

桥多必然靠河道来承载。这条市河南北贯穿全镇，河面宽阔，“河水清且涟猗”，如弯曲的长镜，平展展，亮晶晶，又有若干支流汇入，与主流纵横交叉，古桥越发婀娜多姿。

踽踽独行，很奇怪，我并不觉得孤单。临河的民居，虽然是近代建筑，粉墙黛瓦，简洁明快，倒有旧照片里老上海的味道。走了一段路，终于看见了人影，不

▶一妇女蹲在河边洗衣，我向她打听7座古桥的位置，她用手两面一指，说全在沿河两岸

▲普济桥下，一位刚过退休年龄的人，专心致志在写生

远处，一妇女蹲在河边洗衣，我端起相机，对准她连拍了几张。走到近前，她仰头朝我笑了笑。我俯下身，向她打听7座古桥的位置，她用手两面一指，说全在沿河两岸，顺着河道走都能看到。

两个多小时，沿着寂静的河边，我走了一个来回。宋元明清时代的7座古桥，风姿犹存，神采各异。普济桥下，一位刚过退休年龄的人，专心致志在写生，老伴陪在一旁，悄无声息，眼神盯在画布上。我也瞅了瞅，虽然画了一半，仍可看出很有油画功底。我不如他雅致，只能用相机拍照，结合收集的资料，把这些古桥记述下来，也算没有白来金泽镇。

以建桥年代顺序，排列如下：

迎祥桥。建于元代后至元年间，明代天顺年间和清代乾隆三十三年（1768）两次修建。桥长34.25米，宽2.14米，桥柱用5块长青石砌筑，桥面由砖木铺设，据说，为方便元代蒙古族骑兵通过，没有设置桥阶和桥栏。

如意桥。元代前至元年间始建，明代崇祯年间重修，古镇最完整的单孔石拱桥。桥长20.8米，宽3.4米，桥身用花岗石打造，桥面雕琢如意图案，桥头壁柱上刻有对联，字迹清晰可见。远远看过去，石桥倒映水中，虚实相连，恰如一轮圆月悬于河面上。

放生桥。始建于明代初期，明清以后多次重修，系单孔石拱桥，桥长25.2米，用青石和花岗石混合建造，质地坚硬，桥柱刻有楹联“桥连如意接康衢，水出湾潭通秀气”。此桥在如意桥之北50米处，意思是连接如意桥，通向康庄大道；桥下清水，流向淙淙小河，抒发了人们热爱古桥的情感。

普济桥。建于南宋咸淳三年（1267），是上海地区最古老的石拱桥，至今已有700多年的历史。清代雍正初年重修添置桥栏。石桥为单

▲ 7座古桥沉默不语，也让古镇随之缄口无言，如世外桃源境地

拱圆弧形，长26.7米，宽2.75米，桥体坡度平缓，桥面较窄，具有宋代石拱桥的明显特征。宋代江南石桥多用紫石，雨过天晴时，桥面晶莹光泽，因历史久长，多次更换石材，这座桥体早已“面目全非”。

天王桥。为三孔连拱桥，中间大孔，两侧小孔，既美观又便于舟楫和泄洪。因桥北有天王庙，即以庙名为桥名。初建于明代，清代康熙年间重建，桥正中镶嵌如意等佛教图案浮雕，桥柱刻有“南无阿弥陀佛”字样，体现了悠久的佛教文化。

万安桥。建于宋代景定年间，明代和清代多次重修。为单孔石拱桥，长29米，高5.5米。此桥的造型和石料，与普济桥基本相同，又相距不远，南北相望，两桥因此称为姐妹桥。

关帝桥。因桥北对着关帝庙，故名关帝桥，又因是当地一位叫林青的老人出资修建，也称林老桥。为单孔石拱桥，长24米，高4米半，建于元代前至元年间，明清两代又重修，桥身保养较好，桥面青石光滑，古朴典雅。

另外，河上还有一座木桥，名为普庆桥，造型奇异，桥体漆为朱红色，在古镇素雅的色调中，分外惹人注目。桥体用几十根圆木捆绑结扎形成拱券，没用一颗钉铆，体现了中国古代精湛的造桥技术。桥面下嵌有5个木雕狮子头，个个怒目圆睁，神态逼真，一如背负重压的力士。此桥是1999年建造，完全仿照张择端《清明上河图》里的汴水虹桥，而且依照古代建桥工艺，采用无支架施工法。

7座古桥（当然，还有普庆桥），沉默不语，也让古镇随之缄口无言，如世外桃源境地。也许，正是这种与世无争，才能亘古不变，并且长存久远。

静悄悄来，静悄悄走，我没再回头。因为，我不愿打扰那千古的宁静。

枫泾三桥

街边商铺店主告诉我，穿过仿古牌坊，顺路直走，便可进入枫泾镇。按他的指引，我经过牌坊时，抬头看上去，上面的“枫泾”二字，由国画大师程十发所题。

▼ 枫泾镇历史悠久，宋代既成集市，元代至元十二年（1275）建镇，至今已有700多年历史

枫泾镇历史悠久，宋代即成集市，元代前至元十二年（1275）建镇，至今已有700多年历史。境内水网密布，河道纵横，素有“三步两座桥，一望十条港”之称。我从东面入口进入，没走几步，便抵达河边。这条河名为市河，古镇这段长约1200米。我知道，它流经金泽镇而来，经此流向黄浦江，水乡河河相通，确实如此。河道的左侧，就是著名的古长

廊，经路人指引，我拐了进去，直奔三桥方向。

古长廊临水成街，长约300米，是枫泾镇的典型建筑。长廊里侧是饭店和商铺，外侧是石砌的河道，不仅美观，更为实用，“下雨不湿鞋，盛夏不撑伞”。河栏旁摆满桌凳，从中穿行而过，令人赏心悦目。自元代开始，此地就是商业重镇，来往商贾云集市河两岸，为吴越两界最繁荣的商业街。如今，这里已是古镇小吃一条街，当地各类名点汇集，我真想坐下来，一饱口福。

出了古长廊，就是枫泾三桥景观。

古镇保存了10座古桥，分别为元、明、清时代所建，历史最悠久的，是元代的致和桥，走到近前，可见桥身石缝中，长着浓绿的青苔。而最具风情的，非三桥相连莫属：清风桥、北丰桥、竹行桥。三桥呈丁字形排列，架在两河交汇处，连接河岸的茶楼和酒肆。老屋河埠、石桥流水，是难得一见的独特风景，已成为古镇旅游的标志性景观。三桥位于古镇中心，旁边是树荫遮蔽的小广场，四周挤满商铺，货品琳琅满目，当地居民和游人混杂一起，南腔北调，别有情趣。我这个外乡客，被眼前这热闹场面所吸引，在广场上伫留了很久。

依我所见，枫泾三桥，绝对是江南水乡古镇的经典之作。

来到城隍庙广场，重新修复的古戏台，坐落中央，歇山式屋盖，飞檐翘角，一侧靠街，一侧临河。据说，过去每逢演戏，水路乘船而来的，坐在船上便可观

▲ 枫泾三桥，绝对是江南水乡古镇的经典之作

◀ 戏台对面，隔河一排老屋，大都改为茶馆，人们坐在其间，品茶听戏，赛过神仙

▲ 古镇颇具规模，建筑多为明清风格，以两层砖木结构为主，粉墙黛瓦，传统的江南古典特色

戏。戏台对面，隔河一排老屋，大都改为茶馆，人们坐在其间，品茶听戏，赛过神仙。

古镇颇具规模，共29处街坊，84条巷弄，建筑多为明清风格，以两层砖木结构为主，粉墙黛瓦，传统的江南古典特色。主要街道有4条：南、中、北大街及和平街。其中的北大街，古街风貌保存得最为完整。街道狭窄，走在其中，我抬头望去，仿佛一线天。临街均是两层楼房，木制窗棂，原木本色，图案简洁明快。从正面看，大都平面结构，看不出独特之处。我穿过小巷，绕到临河一面，才识得各家房屋的特色，或重檐叠瓦，朱阁轩窗，或骑楼高耸，近水楼台，更有石级河埠，系着披红的木船。此时，夕阳映辉，一眼望过去，好一道金色的水乡民居风光。更令我惊喜的是，这条街上有座丁聪漫画陈列馆！

枫泾镇人文遗产不可小觑，丁聪的漫画、程十发的国画、顾水如的围棋、金山农民画，国内外颇具影响的“三画一棋”神奇地集于一镇，实为罕见的地域文化现象。

丁聪出生在枫泾镇，从20世纪30年代开始发表漫画作品，是我国当代著名的漫画家，作品用“小丁”署名，以讽刺幽默见长，蜚声海内外。根据他生前遗愿，

骨灰送回了故乡安葬。从北大街入口进来，走过一段幽静的石板小巷，便可看到路旁的丁聪漫画陈列馆。记不清从何时起，我开始喜欢丁聪的漫画，好像还学着画过几幅。很遗憾，抵达时到了闭馆时间，已经停止售票，我透过大门，往里面张望：两层的西式建筑，楼前古银杏、芭蕉等，装点得清新雅致。

程十发故居、顾水如故居在和平街上，对外开放。我知道已经闭馆，便没有过去。对两位大师级人物，我略有了解：程十发，我国著名国画大师，长期担任上海中国画院院长，于2007年辞世；顾水如，中国近代著名围棋大师，蜚声国际棋坛，是陈祖德的恩师，1971年辞世，1989年骨灰移回故乡埋葬。

金山农民画，包括灶头画、剪纸漆绘、民间玩具等，构思新颖，色彩明快，造型稚拙，乡土气息浓郁，具有江南水乡的独特风韵，在海内外产生过广泛影响，发源地就在这里。南大街上，建有金山农民画展示中心，因为时间已晚，我同样也没过去，错过一睹其风采的机会。

离开古镇时，夜幕降临，河船上亮起了彩灯。我想好了，找机会再来，看看丁聪，也再看看三桥。

▼ 各家房屋或重檐叠瓦，朱阁轩窗，或骑楼高耸，近水楼台

新场·《色·戒》

新场镇，电影《色·戒》的外景地。

新场并不新，建于南宋建炎二年（1128），至今已有近900年历史，是一座因盐而兴的古镇。以前盐场在别处，后来迁移这里，成为新的盐场，故名“新场”。那些年里，商贾云集，市井繁荣，给古镇留下深厚的历史文化遗产。

住宿小客栈，早饭后，步行5分钟，我便来到古镇。

新场也不大，狭窄的河道，石板街巷，白墙黑瓦老屋，造型精巧的古桥，形成古镇的基本构架。漫步沿河老街，两侧低矮的民居，绵延铺展，小巷穿梭其间，曲径幽幽，处处弥漫着岁月沉淀的韵味。我时而移步，时而驻足，莫名涌起一种淡淡的乡愁，这里并非我的故乡，不知何故，却欲罢不能。

▲ 新场也不大，狭窄的河道，石板街巷，白墙黑瓦老屋，造型精巧的古桥，形成古镇的基本构架

▶ 河水、石桥、老屋，亦动亦静，光影斑驳奇异，映衬着江南水乡亘古不变的自然生态

路旁一条巷道内，有石垒的船埠，延伸至河里。我走过去，登上突出岸畔的埠头，临水观望。高垒的砌石驳岸，长约6000米，其中有1500多米建于民国之前，最早可追溯到元代，距今已800多年，依然护卫着穿镇而过的河道。明清年间，河上修建了大量石桥，大多早已消失，现存的洪福桥、千秋桥、白虎桥等15座，还在承载着人们的生活足迹。河水轻柔，石桥岿然，还有岸边的老屋，亦动亦静，光影斑驳奇异，映衬着江南水乡亘古不变的自然生态。

老街1.5公里长，中间地带是古镇的闹市区域。一座“江南第一楼”，倚洪福桥而立，三层木结构建筑，建于清代同治末年。一层是普通茶馆，二层为高档茶馆兼书场，有民间说书、评弹艺人常来演出，第三层则是客栈。周边布

▼ 老街1.5公里长，中间地带，是古镇的闹市区域

满商铺，当地小吃、手工艺品，香味袭人、琳琅满目，还有新潮的咖啡吧、旧式的理发店等。店主们表情淡然，并不刻意招揽生意，似乎不在乎游人的“仨瓜俩枣”，而是专为镇内百姓服务。游客却都集中这里，听口音，大多上海市区过来的，以老年人居多，他们不吵不嚷，专心品尝着传统小吃。

▼ 周边布满商铺，当地小吃、手工艺品，香味袭人、琳琅满目，还有新潮的咖啡吧、旧式的理发店等

镇内其他地段，基本没有商业化，没有沿街的商店，不见熙攘的人群，保持着古朴的原汁原味。当地的居民，也悄无声息，默默打理着日常生活。经过一间老屋，我见敞开的房门里，老伯端坐厅堂，呷着杯中清茶，阿婆蹲在门前，剥着翠绿的青豆。

古镇尚存不少古建筑，至今仍有100余座明清宅院。普通简朴的传统民居，气派大方的院落宅第，历史价值珍贵，又具艺术观赏价值，散落在近代屋居之中，分外耀眼夺目。其中最具代表性的是张氏宅第，建于清代宣统年间，四进式的院落，除吊角飞檐、雕花门窗，还有罗马立柱、马赛克地面，中西合璧，极为独特精致。

古镇的公共厕所，洁净如宾馆的

▶ 镇内其他地段，基本没有商业化，不见熙攘的人群，保持着古朴的原汁原味

▶ 新场镇地处浦东新区，距上海市区仅36公里，竟然有如此静谧的世外桃源

卫生间，让我想起一句评语：厕所的卫生程度，可以反映一个地方的文明程度。我如厕完毕，更增添了对这里的好感。

新场镇地处浦东新区，距上海市区仅36公里，竟然有如此静谧的世外桃源，让外乡人羡慕又嫉妒。

导演李安慧眼独具，他在这里拍摄《色·戒》，要的就是这份幽静、古朴、自然。于是，人们也追寻过来，被古镇气氛感染，无人大声喧哗。

第三章 『闯关东』从这里走出

2017年“十一”前，驾车去江苏省，寻访那里的古村落。

途经齐鲁大地。山东古村落很多，我选择了朱家峪村，该省唯一的“中国历史文化名村”，又在高速公路主干线上，正好顺路，不用特意绕道。

2017年“十一”前，驾车去江苏省，寻访那里的古村落。

途经齐鲁大地。山东古村落很多，我选择了朱家峪村，该省唯一的“中国历史文化名村”，又在高速公路主干线上，正好顺路，不用特意绕道。

晚上7点钟进村，天已经完全黑透，借助汽车灯光，我看到路旁墙壁上，悬挂着巨大字幅：闯关东，是从这里走出的。我半信半疑，不知是否是朱家峪村。黑暗里出现一个人影，我赶紧上前询问，他说是朱家峪，但这儿是新村，老村还在里边，往山坡上走。

再往里走，山路漆黑，周围没有光亮，而且悄无声息。终于看到光亮处，开车过去，发现是一家饭店，一群游客正在吃饭。我向店家询问住宿地方，她用手机找来一人，是一户农家客栈的店主。我随着她穿过村巷，来到一个院落，里边是二层小楼。没有别的客人，我独居楼上一间客房。

山村空气清新，气温凉爽，一觉睡到鸡叫醒。

店主在村里景区上班，以前曾是导游，主动要带我到村里参观，我当然求之不得，并答应付她导游费。

据她介绍，电视剧《闯关东》山东老家那部分戏，就是在这里拍摄的，主人公朱开山还有句台词：“俺是章丘朱家峪的。”我原以为，导演为了将就剧情，随便找了个朱姓小村子，其实不然。朱家峪村确实就在章丘区，而且还是一座古村落：明代洪武初年，朱家先祖自河北迁至该村始，已经600多年了。

从客栈出来，我忽然有种错觉，仿佛时光倒流。

陈旧的街路，石板参差不齐，颜色深浅不一，明显是各个年代拼接和修补的，不过，脚底下的感觉，仍然平展如初，看得出基础夯得非常坚实。小巷里的路窄，曲折迂回，多了几分神秘气氛。来到主街，路面宽了许多，中间嵌着青条石，白白一条线，笔直伸向村子深处。两侧的老屋，看不出有任何修缮，还是原来的模样，青砖灰瓦泥墙，有的墙面已脱落，屋檐下悬吊的灯笼，红艳艳的，给老屋增添了生命色彩。

店主毕竟当过导游，对村况非常熟悉，边走边给我介绍。

村子依山势而建，房屋全都垫高几级台阶，房基和

▼两侧的老屋，看不出有任何修缮，还是原来的模样，青砖灰瓦泥墙

院墙的底部，用大块青石垒砌，凸凹不平，尽显沧桑。店主说，山东省山区的房子都是如此建造，主要为防止下雨和洪水冲刷。

店主满口东北口音，一问才知道，原来她是黑龙江人。她和丈夫所在的工厂倒闭，每月只发200多元生活费，难以抚养一双未成年的儿女，无奈之下，他们举家回到老家来谋生。先是开荒栽种果树，后又做石材生意，如今总算熬出了头，日子越过越红火。

我开玩笑说："三十年河东，三十年河西，你们这是倒闯关东啊。"

她说："只要能吃苦，到哪儿都饿不死人。"

她以前在单位的工会工作，养成爽快的性格，说话快，走路也快，不时停下脚步，在路边等我。我听着她讲解，又忙着拍照，仿佛进入电视剧《闯关东》，也像那个朱开山一样，回到了自己的老家。

朱家峪，一个普通的小山村，几百年沧海桑田，到今天发展为新老两个村落，总共500多口人。村民大多居住在新村，新建的房舍，生活环境好。旧村这边仍保留着原貌，民居为梯形布局，上下石阶盘道，高低错落，由于居住环境条件稍差，只留有经营饭店、客栈的人家，还有少数的恋旧老人居住。

▼旧村这边仍保留着原貌，民居为梯形布局，上下石阶盘道，高低错落

全村现存古建筑近200处，石桥99座，井泉66处。沿着村内旅游线路，我们先来到"朱氏家祠"。祠堂建于清代光绪八年(1882)，1937年复修，青砖门楼和围墙，向上5级台阶，从外表看，整座建筑典雅大气。家祠里外两个院，祠堂

▲ “朱氏家祠”建于清代光绪八年(1882)，1937年复修，青砖门楼和围墙，向上5级台阶，从外表看，整座建筑典雅大气

建在里院。店家介绍，堂前原有名木4株，现仅存一株百年桧树。院内还有一旗杆座，是光绪年间朱家为族人考取了举人而立。旗座上有一幅七星图，关于这幅图，还流传着一个玩笑故事：宋代理学家朱熹，生下来的时候，右脸上有7个黑点，很像天上的北斗星，朱氏便以此为家族图腾，激励后代刻苦读书，以求考取功名成为国家栋梁之材。

朱家峪村确实重视教育，早在1932年，村里就创办了女子学校，是中国农村较早的女子学堂，在章丘地区率先提倡女子教育。1944年，村里又建立山阴学校，占地6.6亩，在村口大道旁，位置明显，出入方便。我们来到学校门前，店主指着校门对我说，仿照黄埔军校的校门样式。学校现已改为“朱家峪民俗文化展览馆”，以“闯关东”文化为主题，通过文字、图片、影像和实物等，再现了300多年间，中国移民史上悲壮卓绝的历史画面。校舍为四进院落，房屋青砖灰瓦，古朴而文雅。教室改造成一个个展馆，展品完全是实物，为早期农民的生产和生活用具。在一面墙壁上，用繁体字写着“山阴小学校训”，我看了觉得颇有道理，便抄录下来：一、忠勇为爱国之本；二、孝敬为齐家之本；三、礼仪为处世之本；四、仁义为道德之本；五、民众为国家之本；六、教育为兴国之本；七、创业为发展之本；八、整洁为强身之本；九、学优为栋梁之本；十、策略为目的之本；十一、无知为败事之本；十二、有恒为成功之本。办馆者很有思路，特意留出一间教室，摆放几张课桌，桌上有“文房四宝”，墙上挂着民国时期学生们穿的长袍马褂，让人触景生情。我在教室内站立许

◀ 文昌阁。建于清代道光十八年（1838），为楼洞一体式造型，横跨在村口主路上

◀ 桥是两座，相距10余米，交叉在十字路口，没有洪水的时候，桥下可以行车走人，山水下来时，桥上仍可通行，桥下就成为泄洪道

久，眼前虽空无一人，却似有读书声，琅琅入耳……

村里诸多的老宅旧屋，除了拍摄《闯关东》的院落，还有文昌阁、“立交桥”、关帝小庙等古建筑，同样保存得完好，有的还在正常使用。

文昌阁，建于清代道光十八年（1838），为楼洞一体式造型，横跨在村口主路上。整体用方石筑成，上层是阁楼，下面为拱形门洞，是村子出入通道，造型独特，通明透亮。文昌阁与山阴学校围墙相连，中间开有门洞，两边互通。当年的设计者，有意将它们联系在一起，寓意不言自明。

“立交桥”，建造于清代康熙九年（1670），若不是店主形容，我还真没看出是立交桥。桥是两座，相距10余米，交叉在十字路口，桥体用大块石头砌筑，中间没有灰泥，咬合得看不出缝隙，显示了当时匠人的智能和手艺。没有洪水的时候，桥下可以行车走人，山水下来时，桥上仍可通行，桥下就成为泄洪道，并且与村里排水系统连起来。店主说，专家称它是“现代立交桥的雏形”，我虽不是专家，也跟着频频点头，还饶有兴致地桥上桥下走了一个来回。

关帝小庙，叫它小庙，确实很小，用3块大青石扣砌在墙壁上，面积不到5平方米。石雕的前檐，里面是微型的关公石像，端坐中间，两旁站立周昌和关平。两侧石框雕刻着楹联：文官执笔安天下，武将挥刀定太平；楣联：亘古一人。我走到近前，阅读镶嵌的墙碑：关帝石庙建于明代，复修于清嘉庆十三年（1808）……小庙坐北朝南，那面墙位于巷口，所以，关老爷可日夜面对尘世，人间沧桑，历历在目。店主说，这可能是山东最小的关帝庙。

店主自豪地告诉我，除了《闯关东》之外，还有《红嫂》《法官

◀ 店主说，这可能是山东最小的关帝庙

▲经过清代的修整，几百年过去，这条古道仍然完好，走在上面，我感觉脚下沉甸甸的，不得不放慢脚步……

老张》《星星之火》《靠山》《永远是春天》《黑白往事》等影视剧，都是在朱家峪拍摄的。这些影视作品，我只熟悉《闯关东》，其他都没看过，今天来此一游，我倒觉得，不管映出效果如何，能够选这里为外景地，说明导演慧眼识物。

店家说她有资格自豪，因为这里是她丈夫的老家，而她的老家，是在附近的村子。

如今，她丈夫仍然经营石材生意，儿子女儿都在市里安了家，儿子有固定工作，女儿帮着在这打理客栈。

走着唠着，我们来到村口处。为了吸引游客，这里修建了漂亮的大门。昨晚天黑，我是从山后开车进村的，今天属于是“倒游”朱家峪，所以，我特意从大门出去，又重新进来，感受进村后的双轨马道带给我的惊奇。

明代初期，朱家峪始建时，村路修得很窄，只能行人出入。后来，牛马车多了，道路受到限制，给日常生活带来极大不便。到了明代中叶，全村人齐心合力，修

▲ 朱家峪村投入大量资金，打造了闯关东文化主题展馆等特色旅游项目，受到越来越多的游客欢迎

建了一条双轨马道，轨道间相距1.5米，用两条30厘米宽的青石铺成，马车可上下交错行驶，村里还明文规定，行人走路须靠右侧。经过清代的修整，几百年过去，这条古道仍然完好，走在上面，我感觉脚下沉甸甸的，不得不放慢脚步……可以想象，游客们进村后，一脚踏上明代古道，该和我有同样的感受吧。

章丘不仅是闯关东文化的发源地之一，也浓缩了中国农民一段艰苦创业的历史，是中国北方山区村落建筑的典型，而朱家峪村，则被有关专家称为“齐鲁第一古村”。2011年以来，上级部门在古村保护的基础上，投入大量资金，高标准规划设计，加强基础设施建设，打造了闯关东文化主题展馆等特色旅游项目，受到越来越多的游客欢迎。

店主告诉我，他们都是村里的，上级文物部门拿钱雇用，旅游的事不用村里操心。

回到客栈，结完食宿费，店家硬塞给我几根黄瓜，说是自家产的，路上当水果吃。

上车后，我向她招手告别，心里默默祝福。

第四章 晋商足迹

2016年9月的某日，与摄影人C兄闲聊，说起我行走古村落的计划，他也颇感兴趣，一拍即合，便搭伴同行。9月中旬，北方最好的季节，酷暑刚退，寒气尚早，我们驾车驶向三晋大地。准确地说，此次山西之行，应该是追寻晋商足迹，因为该省的古村落，多由他们建造。

裸露的文物

▲ 让良户村名闻遐迩的，是“三雕”艺术的光芒。几百年来，大量遗存的砖雕、木雕、石雕，精美绝伦

从高平市下高速，顺路拜谒新建的“炎帝陵”后，又驱车十几公里，便到了良户村。

良户村悠久的历史，让我大为惊讶：唐代中期，便有人家在此建村，为郭、田两姓家族，称为“两户”，宋代以后，陆续有其他姓氏迁来，村落规模越来越大，村名也由“两户”改为“良户”。听起来有趣，估计全国类似的村名不会太少。

良户村三面环山，一面临水，自然环境得天独厚。行车到村口，高大的牌楼前，立有一块石碑，上面记载着该村的历史，基本与我事先所了解的相符。没见有停车场，想必也不卖门票，旁边有块空场，水泥地面抹得光滑平整，估计是用于晾晒粮食，我们把车停在那里，踩着石板路向村里走去。

与其他古村落一样，良户村也保留一些古建筑，但让其名闻遐迩的，是"三雕"艺术的光芒。几百年来，大量遗存的砖雕、木雕、石雕，精美绝伦，各有其经典之处。进了村子，我便刻意寻找，担心从视野中溜过。良户村东西狭长，北高南低，街路多用沙石铺砌，走起来，脚下沙沙作响。其实，没走多远，我就不必多虑了，因为"三雕"随处可见。走过几处现代民居，街路两侧便全是古建筑，不论院落还是厅房，门窗及照壁等处，门枕石、压窗石上面，雕刻着花鸟鱼虫等各种图案，虽然历经风霜，原有面貌破损严重，但其构图之美妙、工艺之精湛，仍然让人大为惊叹。况且，这些绝佳的艺术珍品，并非在贵族宫殿或园林等处，而是藏隐于这偏远闭塞的山村。

我走近一幢幢古民居，上前小心触摸，轻柔摩挲，裂痕斑驳的窗棂，粗粝坚硬的砖石雕纹，似乎渐渐有了温度，而且化作一团暖流，传导到我的全身，使我进而升腾出对远古工匠的敬佩之情。对于当年的房屋主人，虽然不知其身份背景，但透过这些精彩的"三雕"，不论是规划构思，还是图案内容，都可以窥视到他们的伦理修养及人生

◀我走近一幢幢古民居，上前小心触摸，轻柔摩挲

◀良户村规模很大，古建筑遗存丰富，民居沿街排列，阁楼高低错落，院落结构精巧

价值观。比如，一户人家的压窗石上，清晰可辨孝、悌、忠、信、礼、义、廉、耻的八字古训，主人的高雅和品格跃然显现出来。

良户村规模很大，古建筑遗存丰富，民居沿街排列，阁楼高低错落，院落结构精巧，显示出西北地区古村落纯朴厚重的风貌。转了两条街，我们有点转向了，问了闲坐屋前的村民，才了解了村子的大体结构。全村有后街、西街、东街等若干条街巷，我们要寻找的蟠龙寨，在村东北的高地上。对这座蟠龙寨，我事先有所了解，它是一组明清城堡式建筑群，既有江南的秀气，又有北方的大气，是整个晋城地区城堡式民居的缩影。

▼石柱雕刻简洁，虽然陈迹斑斑，仍然呈现出幽古沧桑的美感

所谓蟠龙寨，主要指侍郎府，其主人叫田逢吉，清代顺治十二年（1655）进士，授翰林院编修、户部侍郎，官至浙江巡抚，按现在的级别，应该是省部级高官了。雄伟高大的侍郎府，坐北朝南，一进四院。门前的砖雕照壁，面宽厚重，与斗拱10余层的门楼相对应，气势非凡。我被砖雕吸引，几步走到照壁前，见上面刻着麒麟、海水、花卉、凤凰、寿山、灵芝、火球等，雕工细腻，形象逼真，虽然内容繁多，却构图完美，并不显得杂乱，我猜想，可能蕴含

“寿山福海”之寓意吧。跨过高高的门槛，迎面是3间大厅，深檐硕柱，外檐及门楣的木雕，呈现的是农耕图，造型准确，惟妙惟肖，上面的彩绘已经脱落，栉风沐雨，裸露着黝黑木质，其雕功技艺之精湛，在我看来，却历久弥新。两侧是厢房，门窗为木雕制成，图形美妙，玲珑剔透。整个院落看似沧桑陈腐，难掩古时的富贵雍容。后面还有三进院落，探头看了看，规模不甚宏大，我们没再进去，转身离开。

村里还保留几座古代的“公共建筑”，包括皇王宫、关帝庙、白爷宫、文昌阁、玉虚观等，我们逐一寻到，挨个参观。这些庙宇建造年代不一，各具鲜明特色，与青砖灰瓦的古民居交相辉映，组成合而不同的古建筑群体。其中，玉虚观年代最久，金元时期所修筑，为著名的道教宫观，外形为蒙古包式的壶门样式，体现

▼村里还遗存一条老街，为明清时期的古官道，两侧保留着完好的古商铺，当时的商业繁荣可见一斑

◀此时的夕阳，燃烧如火，那一件件精美的石雕，仿佛被注入了生命气息

出元代游牧民族建筑特点。正殿高约10米，横宽5间，窗户为直棱式，窗边装饰锯齿纹木片。从前殿漫步到中殿和后殿，大气的建筑风格令我惊叹，斗拱硕大粗壮，石柱雕刻简洁，那些彩绘和壁画，虽然陈迹斑斑，仍然呈现出幽古沧桑的美感。

村里还遗存一条老街，为明清时期的古官道，两侧保留着完好的古商铺，当时的商业繁荣可见一斑。老街的石板路，平滑如镜，太阳的光照，把人影在上面拉得很长。街北一座高槛大院，门楣上方有一“德茂典”匾额，问了街边的村民，这是早年郭姓人家的当铺，明代万历年间，便是著名的晋商旺族。我探头往院里一望，迎面一堵精美的砖雕影壁——“三雕”艺术无处不在。

历史上，良户村尊儒重教，民风淳朴，从遗存的大量门匾题字上，便可看得出，这里多数的家庭，以德为重，耕读文化源远流长。确实如此，科举制度年代，村里出过4名进士、多名举人和秀才。我想，保存和维护好古村落，继承珍贵的物质文化遗产，为后人留下有价值的古建筑，固然功德无量，还要传承中华民族优秀的传统文化价值、道德理念，并且不断地发扬光大，这也应该是千秋万代之大计。

几处墙角和空地上，有很多零散的石雕：石狮子、雕花窗棂、抱鼓石、柱础石……堆放整齐，码摆有序，有的还用铁栅栏围着。我猜想，可能是考古部门所收集，暂时存放在村里。走来一位村民，经向他询问，证实了我的猜想。他还告诉我，村里的民风好，尽管各家并不太富裕，从没见谁把家里的老物件拿去卖了。他又指指地上说，这些东西就堆放在街上，从没有人乱动，也从来没听说丢失过一件。

我又一次被感动了：这些文物级的石雕精品，竟然裸放在光天化日之下！此时的夕阳，燃烧如火，那一件件精美的石雕，仿佛被注入了生命气息，身披辉煌，活灵活现在古老的村落中。

▲ 老屋前，坐着三两个老妇，或在乘凉，或在闲聊，脸上洋溢着富足的神情

几户老屋前，坐着三两个老妇，或在乘凉，或在闲聊，脸上洋溢着富足的神情，我把镜头对准她们，人家也不躲避，倒是几个放学的孩子，看我要拍他们，嬉笑着跑过去。

良户村，800多年的太行古村落，你所留下的，岂止是一段段珍贵的历史瞬间，一幅幅农耕商贾的生活图景，更是中华传统文化的精髓，生生不息，永世长存。

回来后，我查阅资料，得知良户村成立了文化旅游开发有限公司，开始了对古村落保护和开发的探索。

祝愿良户村明天更好。

砥泊城

▲古城的唯一通道，门额上书写“砥泊城”，威风凛凛

润城镇，一个弹丸小城，明代末期，为防御流寇袭扰，村民修建了3座城堡：屯城、刘善城和砥泊城。几百年过去，前两座仅存遗址，只留下砥泊城。所以，我们要寻访的古村落，当然是这座砥泊城。

砥泊城在镇子西北角，整体为椭圆形，三面环水，南面与陆地相连。历史上，沁河（明清时称“泊水”）绕城而过，远望其城，似砥柱中流，砥泊城因此得名。

城门楼还在，三层结构，高约15米，仍然是古城的唯一通道，门额上书写“砥泊城”，威风凛凛。不收门票，我们走进去，见城门口堆着石料等，几个民工在干活，旁边站一位挂胸牌的矮个姑娘，我低头一看，胸牌上写着“监察员”，问她：“可以导游吗？”她点头：“收费30元。”我又问：“监察员是啥意思？”她笑了，说是随便起的名，城里正在维修，她负责监督工程质量，如果有游客来，也可以“客串”导游。看她很风趣，便让她带我们去城里游览。

首先登上城墙。砥泊城原为防御而建，墙体敦实厚重，墙高12米，外墙为青砖垒砌，内墙的材料特殊，因为历史上冶铁业发达，采用的是废弃坩埚，以石灰和铁渣调浆，胜过当今的水泥砂浆，坚固异常，而且愈久愈坚，又降低了成本，一行行排列，整齐而别致。城墙马道为环城路，呈半圆向前延伸，走在上面，城内外尽收

▶ 内墙的材料特殊，因为历史上冶铁业发达，采用的是废弃坩埚，坚固异常

▶ 城墙上设有炮台、望楼、藏兵洞等，还与城门楼相通，形成真正的御敌堡垒

眼中。城墙上设有炮台、望楼、藏兵洞等，还与城门楼相通，形成真正的御敌堡垒。

走到临水地段，导游指着前面的楼阁说，那是当年的北门楼，清代顺治年间修建，也是砥洎城的“水门”，直通下面的洎水河。门楼为五层建筑，最上层为“祖师阁”，最下层有通往水面的门洞，可在那里直接登船。这里的城墙高达20米，我住下看了看，见一拱形门洞，只是如今的洎水，水面小得可怜，犹如一方池塘。瓮城也仅存一小段，可以看到内壁上密布很多小窑洞，为典型的“蜂城”，是古时养马和驻扎护城兵丁的地方。听了导游的描述，望着眼前的一切，我实在想象不出当

▲ 门楼为五层建筑，最上层为“祖师阁”，最下层有通往水面的门洞，可在那里直接登船

年壮观的景象。

从城墙上下来，是一条环城路，相交各条巷道，将城内建筑分隔为若干院落。路两侧的民居，整齐有序，看得出当年筹建之时，应该经过详细的规划。导游介绍：当时的砥洎城内，划分为10个街坊，各街坊名字刻成匾额，镶嵌在过街楼上，如今只剩下“世泽坊”一块匾额；同街坊一样，每个院落都有名字，也刻成木匾镶在门楣上，极富书卷气，如“素履居”“近光居”等，反映出在那乱世年代，人们渴望平静生活的心境。突然，我看“近光居”3个字，是在一户院门上方，虽然已成灰白色，仍清晰可辨，连忙拍下来。在一处大宅院前，我们停下脚步，门楼上方刻着“鸿胪第”，导游介绍说，这是清代数学家张敦仁的故居。走进院子，她颇自豪地介绍起他的生平，我不了解张敦仁，当然兴趣不大，倒是被正厅的一副对联所吸引：无情岁月增中减，有味诗书苦后甜。“增中减”3个字，让我联想到庄子的“方生方死”，深感古人的这种辩证思维，让我们后人受益无穷。

砥洎城虽有众多街坊之分，由于年代久远，格局变化太大，如今的街路形似迷宫，多亏有导游带路，否则，我们非迷路不可。城里道路皆为“丁”巷，没有“十”字巷口，不知是否出于防御的目的或风水的考虑。大小“丁”字巷又与内环路、环城路巧妙相连，巷道曲折多变，少有笔直，狭窄幽长，四通八达。

城内民居多为防御性建筑，虽然青砖砌墙，灰瓦盖顶，院落两进或三进，但外墙厚高坚固，或无窗或只开

▲ 城内民居多为防御性建筑，虽然青砖砌墙，灰瓦盖顶，院落两进或三进，但外墙厚高坚固，或无窗或只开小窗

小窗。有的院落上房砌有角楼，兼有“望楼”看家护院功能。导游告诉我们，各个院落之间，在不显眼处都留有暗门，可以互相串通，被道路隔开的街坊，又有“过街楼”相连，形成防御和灭敌的绝佳网络。

“兵荒马乱年代，老百姓想过太平日子真不容易。”我感叹道。

“是呀，所以要保护好这座砥洎城，让这些老房子警示后人。”导游年龄不大，话却说得很有分量。

老房屋虽然破旧，有的近乎倒塌，木雕和匾额被岁月浸渍，大多成黑灰色，与灰白色的明代砖墙对比鲜明，但多数都有人居住，生活气息浓郁，这可能是建筑物保存较好的重要原因吧。

导游赞同我的观点：“老屋就怕没人陪着，时间长了，自己也挺不住了。”

我们继续往前走，迎面是文昌阁和关帝庙两大建筑，前后相邻，庄严肃穆，虽饱经风霜，威风却不减当

▶ 同街坊一样，每个院落都有名字，也刻成木匾镶在门楣上，极富书卷气

年。这是城里的中心地带，反映出人们对文昌公的崇仰，以及对关公这位保护神的虔敬。我想，不论生活在什么年代，只要有理想和信念的追求，日子都会过得有滋有味。

城里正在埋设一种管线，干活的人小心翼翼，把地面的条石掀起来，把管线埋进去后，又把条石原样恢复。我看了后，心里由衷地给他们点赞。

离开时，出了城门，我回头望了一眼，想起没有拍照，赶紧补了一张。

2006年，砥洎城被列入全国重点文物保护单位。

砥洎城，一个古老的城堡，我记住了你。

◀ 这里是城里的中心地带，反映出人们对文昌公的崇仰，以及对关公这位保护神的虔敬

师家大院

师家沟，地处吕梁山东南麓，群山环抱中的小村落，因为师家大院而名扬三晋，成为达官贵人、文人学士的周游之处——当然，这是清代末年的情形。如今，它的容颜如何，待我们前去一探究竟。

▲ 师家沟，地处吕梁山东南麓，群山环抱中的小村落

一路上，典型的黄土高原地貌，群山连绵，残垣沟壑，山道崎岖，四野杳无人迹。我们开着车，有北斗导航，倒不必担心迷失方向，心里却在嘀咕：当年，师家的朋友们是如何被“抬”进去的？想来真是不可思议。

到达师家沟村口，已过中午，饥肠辘辘，路旁唯一的小吃店，女店主在打理，我们走进去，要了两碗面条。山西面馆全是现擀现做，我们也正好休憩，边等边向她询问村里情况。

师家创建人叫师法泽，生于清代乾隆初年，他经商有道，为师家挣下庞大的家业。家族发迹的同时，也与其他晋商一样，广置田产，建造豪宅大院，以显示其富贵。师家大院始建于乾隆年间，经嘉庆、道光、咸丰、同治四朝，历70余年逐步扩建而成。我们从窗口望去，好大一片古建筑群，与山势自然衔接，层楼叠院，错落有致，气势非凡，洋溢着黄土高原的阳刚之气。

女店主的手擀面，纯山西风味，面感好，味料足，

▲ 路面是长方形条石，蜿蜒起伏，环绕着全村

带着满口余香，我们向村里走去。

因为依山而建，师家大院多为窑洞建筑，布局呈阶梯状，由一条石路相连。路面是长方形条石，蜿蜒起伏，环绕着全村，多年的雨刷风蚀，早已使其凸凹不平。走在上面，脚底下滞涩，即使下雨也不会滑倒，况且，路旁修有排水沟，估计雨天也不会积水。

师家建筑群庞大，总共大小31个院落，以二楼或三楼四合院为主体，利用山丘沟壑地势，又结合平原多

▼ 好大一片古建筑群，与山势自然衔接，层楼叠院，错落有致，气势非凡，洋溢着黄土高原的阳刚之气

进四合院布局，有平行的相互穿插，又有垂直的空间递接，通过诸多圆门或耳门相通，把整个建筑群融为一体。相比王家大院、乔家大院等晋商豪宅，这里独特的地势利用，窑居模式的变化，以及多种建筑元素的巧妙组合等，堪称国内山地建筑的经典。我们穿行其间，感觉其结构很像儿时老家的大杂院，不禁想起捉迷藏的诸多乐趣。具体到每个院落，具有典型的北方与山西的民居特色，一般分为主体和附属建筑两部分，布局有主有

▶ 一座三层格局的院落，引起我的好奇

次，有藏有露，正房、客厅、书屋、卧室等，一应俱全，使用舒适。

一座三层格局的院落，引起我的好奇，悄然走进去，从一楼登上二楼，却找不到上三楼的入口。又从一楼院门出来，绕了一圈儿，来到二楼顶的山坡地带，我这才发现，是从二楼屋顶上三楼。往后退了几步，再回头观瞧，原来三层房屋分别建在3条山道上，难怪刚才身在其中，感觉不出它的奥妙之处。

走过一个院落，里面有人影晃动，我们走进去，见一位老人在忙碌。他抬头看一眼，问道："客从何来？"我说是东北。他不再搭话，依旧俯身干活。这时，厢房走出一个妇女，拿了什么东西，随即飘然回屋了，根本没瞅我们，完全视而不见。

师家大院的建筑，虽然多是窑洞构造，却建得气派豪华。大多数

▼ 三层房屋分别建在3条山道上，难怪刚才身在其中，感觉不出它的奥妙之处

房屋高达4米左右，而且屋檐很深。这样的窑居结构，迎合了北方气候特点，冬暖夏凉，适宜人居。而最能显示师家建筑经典的，当数这里的建筑雕刻艺术。在各个院落中，随处可见精美的石、木、砖雕，以及依稀可辨的彩绘，装饰着斗拱、栋梁、照壁、柱础石、匾额、门罩等各个方面，体裁多样，内容丰富，虽然年代久远，色彩斑驳，字迹模糊，仍然可以读出它的技艺精湛，神韵非凡，不愧为耕读文明的典范，华夏古代艺术之瑰宝。我注意到，仅以“寿”字为图案的窗棂，式样就多到难以尽数。在几处门楼和屋檐下，我停下脚步，仰望门额或檐下，痴迷上面的花草、人物、琴棋书画等雕刻，吸吮其高品位的艺术营养，迟迟不肯离去。

全村现有百多户人家，师家大院古建筑群中，目前只有几户人家居住。有人住的还好，没人居住的房屋，大多废弃或坍塌了，任由杂草丛生，看了让人痛心。也由于交通不便，这里一直比较封闭，经济不发达，旅游设施不配套，村里没有客栈，没有饭店，甚至连小卖部都没有，多亏刚才吃了面条，否则我们就饿肚子了。

▲ 师家大院的建筑，虽然多是窑洞构造，却建得气派豪华

▲ 师家大院，早在清朝便有“天下第一村”的美誉，但愿早日恢复，重现它的独特价值

不过，数百年的动荡与战乱，能够幸存下来，已经是师家大院的造化了，况且，政府已着手维修保护，相信它的明天会更好。在村口，几台大型的推土机，正在轰鸣作业，听村民们讲，先在村口建设旅游接待场所，然后再进入村里，逐步维修老房子。他们面带笑容，对以后的日子充满了期盼。

师家大院，早在清朝便有“天下第一村”的美誉，但愿能早日恢复其面貌，重现它的独特价值。

离开时，停在村口的汽车落满了灰尘，应该是推土机掀起来的，我们并没恼怒，心怀欢喜地上了路。

汾河古堡村

来到村口，我们犹豫片刻，还是把车停了下来。

所谓村口，就是公路旁。这条路是108国道，山西运煤的主要干道，重型卡车轰鸣，往来频繁，分外嘈杂，近在咫尺的古村落，估计早已名存实亡——这便是我们不想进去的原因。

这个古村落就是夏门村，汾河之畔，一座明清时期的城堡式村落。

“夏门”名称的由来，可追溯到远古时代。相传那时太原盆地为湖泊，为排除洪水灾害，夏禹带人在此开凿山口，将水引入黄河，后人为表达对他的感激，将这里称为“夏门”，意指夏禹打开石门之处。清代有诗云“峭削夏门道，疏排禹力神”，正是记述此事。以后人们在此建村，自然称为“夏门村”。

我们决定，还是进村去看看，权当是对夏禹功绩的追忆。

夏门村建在龙头岗上，三面环水，居高临下，从明代万历中期始建，一直延续至清代光绪年间，历经400余年，形成壮观的城堡式村落，素以夏门古堡称呼。

走进村子，便是一路上坡，原来的路面已不存在，上面简单抹上水泥，虽然粗糙，但便于人们出行，走在上面不打滑。既然称为古堡，我想，必有堡门。果然，没走几步，猛一抬头，一座拱形门洞横在前面。门洞上方，方砖拼嵌的匾额，上面镌刻“外翰”两个大字。拱门侧面墙上，镶一块黑色石板，上面刻着文字——名称：头堡门；营建年代：清康熙庚子年（1720）；建筑材料：砖拱；产权、保护责任者：夏门村委。不用问，一定是前几年制作的，我心头一暖：一个有使命感的村委会。也怪，穿过这座古堡门，仿佛进入另一个世界，

公路上的喧嚣立刻消失了，四周悄然无声。

明代万历年间，在此居住的梁氏家族，为当地的望族，官宦学士众多，财力雄厚，因而，村落的布局，规划有序，房屋的建造，式样考究，目前保存完好的街巷9条，明清古院落60余幢，窑洞、民居千余间。

据我所知，所谓“外翰”，应该是“外翰第”，为有地位的文翰人家的外衙。穿过头堡门，仍然是上

▲ 穿过这座古堡门，仿佛进入另一个世界，公路上的喧嚣立刻消失了，四周悄然无声

▶ 两根粗硕的木柱，支撑着门楼，檐下龙头木雕，檐角飞翘，虽然陈旧不堪，仍可看出其造型优美，工艺考究

坡路，两旁街巷穿插，院落层叠，而且相互连接，辨认不出哪座是“外翰第”。走了一段坡路，路旁一幢大院落，两根粗硕的木柱，支撑着门楼，檐下龙头木雕，檐角飞翘，虽然陈旧不堪，仍可看出其造型优美，工艺考究。我正驻足观赏，大门里走出一老妇，头裹粉色毛巾，手拿扫帚，弯下腰，一下又一下，清扫着门前的落叶。我呆呆地看着她，竟然是妙龄少女，粉红上衣，翠绿烟纱裙，身段窈窕，动作优雅，好一个古代大家闺秀！我猛一激灵，才感觉到，哈哈，原来因为出汗，眼镜蒙上雾气，产生了幻觉。老妇见我端起相机，立刻瞪起眼睛，明确是不乐意了，我只好放弃拍照。不知她是文翰人家的后代，还是以后搬来的住户？

坡路两侧，纵横若干巷道，随意走进一条，便是一户连一户的宅院。据史料记载，夏门村的院落群，主要有大夫第、御史府、知府院、道台院、百尺楼等，还保留有魁星楼、雁归亭、文峰塔等多处遗址。我们走遍全村，许多院落及遗址等，杂草丛生、残墙断壁、满目疮痍，无法与史料记载的建筑对上号。而那些精美的木雕，彩绘大都脱落，牌匾、砖雕上的镌刻文字也斑驳残缺，辨认不清。令人欣慰的是，多数房屋并没闲置，仍居住

▲ 古村落的各类建筑，既有人类的生活气息，又有半废弃的野生形态，使得游览如探险一般，感官惊悚，刺激神经

▲ 堡门上方的匾额，刻有“爽气西来”4个大字

着人家，因此，我倒是觉得，漫步其中，虽然荒草蔓延，景象却别具一格。古村落的各类建筑，既有人类的生活气息，又有半废弃的野生形态，使得游览如探险一般，感官惊悚，刺激神经。而其间埋没的历史故事，曾经的传说逸事，笼罩着诸多神秘色彩，使人兴奋无比，趣味盎然。

距头堡门不远，是二堡门，规模稍小，侧面墙上同样镶有黑色石板，上面文字显示，营建年代为清乾隆丙子年（1756）。堡门上方的匾额，刻有“爽气西来”4个大字。

古堡内的建筑群，迄今已400余年，历经风霜雨雪，原有格局并没有改变，街巷、院落、屋宅、堡门等也基本保存下来，仍能清晰看出明清两代布局严谨、气势雄伟、工艺精湛的建筑风格与工艺水平。只是失于保护，破损严重，真心希望当地政府给予重视，制定保护规划，尽快着手修缮，否则鉴于目前破损状况，用不了多久，这座古堡村落将彻底消失。

没有理由再滞留了，我们开车离开。出了村口，回头望去，山岗之上的夏门古村，后倚峻岭，濒临汾河，多像一位耄耋老人，发齿脱落，衣衫褴褛，依旧巍然屹立，气宇轩昂，向世人显示其过去的辉煌。

▶ 古堡内的建筑群，迄今已400余年，历经风霜雨雪，原有格局并没有改变

湫水西湾

离开李家山村，往湫水河上游行走，几公里后，河水弯出一个弧度，路旁便是西湾村。顺路，又是古村落，我们当然不能错过。

西湾村也归碛口镇管辖。

西湾村面朝湫水河，坐落在山坡上。我们走近村落，犹如来到一座旧式城堡。残缺的围墙，有2米多高，用石头砌筑，厚实坚固，路面也由石块铺砌，顺坡向上延伸，一步一登高。再往上走，又有拱形石砌门楼，连接着一段墙道，宽度可行马车。几经辗转，到达村子的顶端，我往下望去，房舍层叠，依山就势，浑然天成。

据当地人讲，西湾村是单姓村，几十户人家大都姓陈。创建者叫陈师范，明代末年来碛口，先当搬运工，后开店经营商货，逐渐发达起来。成为富商后，他在紧邻碛口的湫水河边，开始建造西湾村，历经数代人努力，上百年不断扩

▲ 西湾村面朝湫水河，坐落在山坡上，犹如一座旧式城堡

▲ 历经数代人努力，上百年不断扩建，建成了拥有几十座宅院的城堡式建筑群

◄ 全村总体格局，用5条巷子分隔开来，寓意金、木、水、火、土五行，代表陈氏家族的5个支系

◄ 村里民居也很有特点，石院墙高门楼，抬腿跨过门槛，窑洞式照面，明柱翘檐，木雕镶嵌

建，建成了拥有几十座宅院的城堡式建筑群。当年，村子外围建有城墙，3座寓意为天、地、人的大门，封闭周全，壁垒森严，如今早已塌毁见不到了。

西湾村的筹建设计，完全遵循封建家族式理念。纵观全村总体格局，用5条巷子分隔开来，寓意金、木、水、火、土五行，代表陈氏家族的5个支系。每条巷里的宅院，都可以互相贯通，又与其他巷子相连，只要进入一座院落，就可以游遍全村，可谓“村是一座院，院是一山村”。我想，如此科学的设计，既解决了村内的横向交往问题，又便于快速转移和集体防御，以应对突发事件。巷子的地面用石块铺砌，两侧还残留几段石护墙。

村里民居也很有特点，从平面看，石院墙高门楼，抬腿跨过门槛，窑洞式照面，明柱翘檐，木雕镶嵌；从竖向看，因为是顺坡修建，下面人家的屋顶，就是上面人家的院子，看上去别有情趣。偶尔还会看到某家的门楣上，悬有石质或木质匾额，落款为清代道光、咸丰年

间等。

天热口渴，看见一户人家的院墙上，挂着卖饮料的小木牌，我们走了进去。院里堆了很多老式农具，墙上也挂着居家老用品，颇有小型博物馆的味道。主人40多岁，说饮料需现磨现煮。坐下等候时，我和他聊了起来。他是天津人，替朋友照看这套院落，他说喜欢农村老物件，顺便收购了一些。他没说是做啥的，我也没问，心里却挺佩服：如此寂寞的环境，他竟然能熬得住。

▼ 院里堆了很多老式农具，墙上也挂着居家老用品，颇有小型博物馆的味道

村子不大，很快就转完了。

村口的小广场，两个巨大圆石桌，村民们坐在旁边，一伙儿在吃饭，一伙儿在打牌，几个孩童在地上玩耍。我们启动汽车，并没影响他们，因为没人抬头张望。

◀ 村里民居顺坡修建，下面人家的屋顶，就是上面人家的院子，看上去别有情趣

被遗忘的角落

▲ 南乾堡的堡门仍然完整，青砖垒砌，拱形门洞

梁村，距平遥城5公里，彼此却天壤之别——我是指古建筑的保存程度。

游览平遥城，参观完老票号旧址，意犹未尽，听说票号经理们的故居多在梁村，我们立即驱车赶来。

梁村自古为风水宝地，人杰地灵，英才辈出，明清时期，该村经营店铺票号的掌柜、经理多达百人。历史上，全村由5座古堡组成：东和堡、西宁堡、昌泰堡、南乾堡和天顺堡。民居建筑类型众多，保存有130多座古院落，多为清代票号巨贾的故宅。如平遥票号之首的“日升昌”经理毛鸿翰就住在这里，因此才有了“平遥四百零八村，数一数二数梁村”的美誉。梁村的鲜有历史记载，但民间流传“先有源池梁村，后有平遥古城”之说，不难推测，这是一个历史悠久的古村落。

由于诸多历史原因，5座古堡大都荒废，现今保存最为完整的，是南乾堡和顺天堡。南乾堡在大路旁，而且位置居中，我们正好停车堡门前，便从这里走进梁村。

南乾堡的堡门仍然完整，青砖垒砌，拱形门洞，临街一排的建筑，数它高大威武。与堡门相伴的，是一株

粗壮的古槐树，几个人才能合抱过来，枝叶繁茂，直插云天。堡内结构严谨，一条石板路贯穿东西，路两侧是若干小巷，随便走进一条，高墙深院相连，大多木门紧锁。一户人家的大门，深缩在墙内，门楣有“天光云影”门匾，我从门缝往里望去，里面残破不堪，近乎废墟。

▲ 高墙下的小木凳上，坐几个老者，目光深邃，如同这幽暗的巷道

村里新房建得太多，5座古堡原址难以辨认，我们东寻西问，终于来到天顺堡。这是村里保存最好的一座堡，毛鸿翰的故居就在这里。史料记载，天顺堡自清代乾隆年间始建，平遥几家大票号共同投资，前后100多年建成。走进堡内，两边围墙高耸，巷道狭长。高墙下的小木凳上，坐几个老者，目光深邃，如同这幽暗的巷道。经过时，我发现他们对外来人视而不见，一副傲然淡漠的神情。高墙后面，是一座座深宅大院，大多破落不堪，阴森瘆人。毛鸿翰家的老宅，大门临街，堂皇威严，整体为四院相连，独占整整一条巷子。老屋早已无人居住，我们进去时，绕过影壁墙，看到有人在打扫，不知是否房主后人。院子虽然黯然萧条，房屋破旧陈腐，仍能窥见出当年的富有和奢华。主院是两座“目”字形三进院落，主体为窑洞式建筑，屋檐下的雕栏画栋，镂花的窗棂，图案精美灵秀。

▲ 老宅虽然黯然萧条，房屋破旧陈腐，仍能窥见出当年的富有和奢华

天顺堡内，还有若干深宅大院，同样极尽豪华富贵。当年的票号巨商们，平日在柜上忙碌，偶尔回到这

▶ 天顺堡内，还有若干深宅大院，同样极尽豪华富贵

里，养精蓄锐，享受财富带来的身心惬意和满足，从另外一个侧面，记载和见证着晋商曾经的繁荣和兴盛。

余秋雨的《抱愧山西》让我对晋商历史多有了解，特别是平遥票号名扬四海的伟业，更令我惊诧和震撼。不过，今天来到这里，敬佩之余，我更多的是感叹。这些考究的照壁，精美的木雕，雕刻的柱础，寓意深长的匾额，随着时间推移，日渐磨损，逐渐衰败，而相距不远的平遥城里，票号遗址保存完好，相比之下，让人无法相信它们是“同宗同族”。在一个院落里，遇到房主后人，攀谈起来，知道他们居住太原，不能经常回来照

▼ 除了风雨侵蚀，村民缺乏古建筑保护意识，也是不能忽视的因素，老房子贴上了瓷砖

▶ 考究的照壁，精美的木雕，雕刻的柱础，寓意深长的匾额，随着时间推移，日渐磨损，逐渐衰败

顾老屋，这次过来，只能简单维修一下。我问，有关部门不管吗？他们苦笑着摇头。又说，现在也没了老工匠，谁会干这技术活儿。

我没再继续对话，心里在想，除了风雨侵蚀，村民缺乏古建筑保护意识，也是不能忽视的因素。因为，我在一座老院落里，看到有间白瓷砖房子，觉得奇怪，便问房主小伙儿，他说他老婆认为老房子难看，也不喜庆，所以在结婚前，他特意贴上了瓷砖。我听了，欲哭无泪。

▶ 几个儿童的笑靥，让我端起了相机，留下了梁村少有的亮丽印象

无心再拍古建筑，倒是几个儿童的笑靥，让我端起了相机，留下了梁村少有的亮丽印象。

走了一圈儿，我大体了解到，梁村原有1000多户，4000多口人，现在大部分都搬走了，只剩不到1000人，多数还是老人和孩子。也许，用不了多久，梁村将只是一个名称概念，再也寻不到其踪迹了。我庆幸，在它还有点模样的时候，过来看过。

梁村，被遗忘的角落。

絕壁

第五章 千古英雄村

郭亮村处于晋豫相交之地，从陕北返回沈阳，稍微绕道即可到达，正好了却我多年的愿望。

郭亮村被世人熟知，还是前几年的事。有媒体报道：1972年，太行山深处的郭亮村，挑选出13条硬汉，在5年多的时间里，硬是用手中的铁锤、钢钎，在119米高的悬崖石壁之中，凿出一条1500米长的绝壁长廊——郭亮洞，为子孙后代走出大山开辟了绝无仅有的通道，被誉为“世界第九大奇迹”。

◀沿途太行腹地风光旖旎，山势巍峨雄浑，人生千载难逢的游历

当时闻之，我大为惊叹，却不知何时能一睹为快。未承想，机会说来就来。郭亮村处于晋豫相交之地，从陕北返回沈阳，稍微绕道即可到达，正好了却我多年的愿望。

驾车从山西前往郭亮村，要穿行太行山大峡谷。峡谷绝壁，峰高坡陡，山路崎岖险峻，几次迷失方向，幸好有两次对面来车，才问明白路线。第一次问路，对方是山西话，第二次问路，对方变成了河南口音，我便知道了，已经进入河南地界，路面也逐渐平缓了。回家后回想起来，沿途太行腹地风光旖旎，山势巍峨雄浑，人生千载难逢的游历，只可惜我当时专心驾车，不能尽情欣赏美妙的景色，留下的遗憾，终生不可弥补。

一路翻山越岭，终于来到郭亮洞前，我停车观看：路旁立一块巨石，刻着“绝壁长廊”漆红大字。此时已近傍晚，长廊内路面平坦，往来车辆不多，途中我几次停车下来，拍摄这一绝世工程。长廊宽有6米，高4米多，沿山体侧面凿通，蜿蜒向上盘旋。顶部怪石嶙峋，参差不齐，形状各异，里侧的石壁，锤钎凿痕触目惊心，外侧紧贴千仞沟壑，开凿时留下的支撑廊顶的石柱，形成一个个巨大“窗口”，廊道内忽明忽暗，行车其间，给人以魔幻般的感觉。我注意观察，整条长廊内，没有使用水泥等材料。

▼在119米高的悬崖石壁之中，凿出一条1500米长的绝壁长廊——郭亮洞

驶出“绝壁长廊”，就是郭亮村了。路边立有一块石碑，我下车走到近前，碑头刻着《郭亮洞记略》，楷体碑文，密密麻麻，落款时间为1977年5月。再往村里走，我有些惊呆了，这个大山深处的小山村，如同现代商埠集市，竟然热闹非凡。一条宽阔的街路，两边排满客栈、饭店、商铺，灯火通明，游人如织。我

▲老村和新村房屋相连，一条向上弯曲的石路，走上去，满眼大块石头垒砌的院墙

在“景香府”住下，听店家介绍，才知郭亮村也是一座古村落。

东汉末年，连年灾荒，民不聊生。太行山区一姓郭名亮的农民，率饥民揭竿而起，农民纷纷响应，很快形成一支强大的农民队伍。封建朝廷派兵镇压，因山高路险，均遭挫败。后来，郭亮手下有人投降官府，引领官兵前来。因寡不敌众，农民军退守西山绝壁，粮草断绝。为突出围困，郭亮想出计策，让士兵把战鼓和山羊绑在树上，羊蹄乱蹬，鼓声不停，以吸引官兵注意。郭亮则带领大家转到山后，用绳索系下绝壁，安全转移到了这里。人们为了纪念郭亮，在此建村时，便取名“郭亮村”。其实，郭亮村人大多姓申。申氏家族元代末期在南京做官，后被朱元璋发配青海，途经山西时逃离。全族百余口人砸掉大铁锅，一户分一块锅铁，各奔东西，但愿以后团圆，故称“大锅申”。当时一部分人躲进太行山中，隐居郭亮村至今。店家说，整个郭亮村，只有一人因参军离开，其余全部村民世代相传，一直生活在这里。

听完上述故事，我忽然明白了，郭亮村人的当代愚公精神，正是凭借世代传承的民族气节，融入了血脉，化作了灵魂，方显气壮山河的英雄本色。

全村分为新村和老村两部分，我居住的客栈，属于新村范围，在峡谷边的平地上，老村则在后面的山坡上。

店家是个少妇，衣着时尚，说她是从外面嫁进来的，她老公公就是当年“13条硬汉”之一。我问东问西，最后又问她，老村还有老房子吗？她笑着说，不是还有，而是很多。我随即兴奋起来。虽然天色已暗，我依旧拿起相机，向老村走去。

老村和新村房屋相连，一条向上弯曲的石路，走上去，满眼大块石头垒砌的院墙。由于是山坡地，院落上下错落，参差不齐，几条石径蜿蜒其间。房舍全由青石垒砌，白灰粘缝，木门木窗，黑瓦覆顶，没有一间青砖“豪宅”，可见郭亮村民世代都是穷苦百姓。房前屋后的角落里，残留大量的破石磨、旧石碾等石器，默默守候着悠悠岁月。几处稍大的院落，开办成客栈，檐下悬挂灯笼，屋内灯火通明。我观察其他房屋，窗口多有光亮，在这坚硬冷峻的石头世界里，弥漫出温润的人间柔情。在一面墙壁上，我看到有“影视村”的牌子，心想是哪个剧组寻到如此宝地。回家后查阅资料得知，1975年以来，有40多部影视剧的外景地选在郭亮村。谢晋导演的《清凉寺钟声》也是在这里拍摄的，他称郭亮村是“太行明珠”，并刻石留言：“太行深处郭亮村化为影片清凉寺钟声的乳泉村，我们曾在这里度过盛夏深秋，我们曾和郭亮的父老兄弟姐妹结下深厚友谊，美丽的村庄，勤劳的乡亲将永远留在我们的记忆里。”我当时不知，没能寻到他的留言——谢晋是我崇敬的大导演。

第二天早上，阴云密布，时而飘洒着细雨，我不想错过机会，扛着相机走出客栈。站在村口处，郭亮村全貌尽收眼中，几座奇峰浮在村庄后面，翠峦叠嶂，雾气遮掩，山体忽隐忽现，犹如海上仙境一般。沿路再往下走，靠近郭亮洞口，路旁是锯齿式的断崖峡谷，空隙间有一泓碧绿潭水，就势修建了小桥流水般景点，游人玩戏其间，尽管周边谷底深不可测，视觉上可缓解恐怖的感觉。一对情侣依偎桥栏，背向郭亮洞，请我帮他们拍照合影，拍完我把手机还过去，两人看了照片，惊喜得尖叫起来。不用说年轻人，我也被眼前景色迷住，流连忘返，直到肚子咕咕叫了……

听店家说过，过去的漫长岁月里，海拔1700米的郭亮村，村民出入全靠一条天梯。所谓的天梯，是在岩壁上凿出来的一个个石坑，也是通往中原的唯一古道，攀爬起来犹如登天，极其艰难且危险，不仅

▲ 沿路再往下走，靠近郭亮洞口，路旁是锯齿式的断崖峡谷，空隙间有一泓碧绿潭水，就势修建了小桥流水般景点，游人玩戏其间，尽管周边谷底深不可测，但在视觉上可缓解恐怖的感觉

一代代村民的正常生活受其困扰，更是阻碍了与外面世界的交流。直到凿通郭亮洞，人们才告别了天梯。如今，天梯已成为著名景点，吸引慕名前来的游人去“探险”。

离开郭亮村，返程的路在峡谷另一侧，对面万丈石壁，刀劈斧砍般光滑，郭亮洞犹如纤细的裂缝，断断续续横穿中间。行至“观景台”，我停车下来，静静欣赏太行山深处的雄姿：峭崖林立，连绵不绝，沟壑深邃，奇石遍布，远方丛林间，盘山公路如白色飘带，轻柔曼妙，一幅绝秀的世外桃源图景。我又一次明白了，郭亮村人为何坚守在此，几百年来不离不弃，因为这里是他们的家园，也是他们的天堂。

郭亮村，80余户人家、300多口人的小山村，多像一个巨人，英雄般傲立于太行深处的山巅之上。

离开了郭亮村，离开了太行山。身虽离别，心却留在了那里。但愿，以后梦里还会相见吧。

▼ 峭崖林立，连绵不绝，沟壑深邃，奇石遍布，远方丛林间，盘山公路如白色飘带，轻柔曼妙，一幅绝秀的世外桃源图景

第六章 闽春花浓

农历阳春三月，从海南返回沈阳，我们特意绕道福建，去寻访那里的古村落。从沿海的皇族后裔城堡，到闽南的客家土楼，再到武夷山下的晋商贩茶之地，一路花开正浓，杜鹃花、夹竹桃、鸢尾花、三角梅……争芳斗艳，阅尽八闽大地之美，也给我们的行程带来万紫千红的色彩。

土楼奇观

从广东进了福建地界，首先要看的就是客家土楼，因为我们隔空相识多年，早已急不可待了。

福建的土楼，主要分布在闽南的龙岩和漳州一带，以永定、南靖、华安三区县最为集中。华安县距离稍远，我们选择去相邻的永定和南靖，列入联合国《世界遗产名录》的“六群四楼”，绝大部分也集中在这两地。

作为聚集性民居建筑，福建土楼称得上是我国古建筑的一朵奇葩，它以历史悠久、风格独特、规模宏大、造型奇异等特点独立于世界民居建筑艺术之林。我对福建土楼的认识，最早是二十几年前的视频画面，从那以后便向往憧憬，盼望早日身临其境、亲眼见识。这次出发之前，我又查阅相关资料，对土楼历史有了大概的了解——闽南地区的土楼，宋元时期已有雏形，到了明清两代，达到空前规模，一直延续到民国。而这一历史过程，与中原居民大量南迁密切相关，举族迁徙而来的客家人，为防御盗贼匪患，避免和原住民发生冲突，逐渐建造起同宗同族聚居的土楼建筑群落。

制定好行程路线，我们先到永定，再去南靖，一幅幅震古烁今的不朽画卷即将展开。

一、永定土楼群

永定现存23000余座土楼，为福建全省数量最多的县份。永定土楼种类多，分方楼和圆楼两种基本样式，兼有殿堂式、五凤楼、三合式楼、五角楼、六角楼、走马楼、曲尺形、吊脚楼等20多种，称为没有大门的中国客家土楼博物馆。土楼数量如此之多，源于当时的经济基础。这里土壤和气候适于烟草种植，明代万历至清代乾隆年间，烟草生产快速发展，滋生了“条丝烟”制造产业的兴起，曾被定为“贡品”，并销往海内外。财源滚滚，客家民居建筑随之富丽堂皇起来，各式大型土楼遍及全县，多集中在洪坑、高北、南溪、初溪4个村。如今，随着旅游业秩序的规范完善，永定土楼群划为4个客家土楼民俗文化景区，也是国家5A级的旅游景区。

洪坑土楼群。洪坑是永定土楼最多的村子，也是《世界遗产名录》的“六群四楼”之一。景区门口的一块巨石，镌刻联合国教科文组织的评语：“客家土楼是世界上独一无二、神话般的山村民居建筑奇葩。”为了

▼ 过了状元桥，一座仿古石牌楼，横在道路中央，将新旧两个区域划分开来

◀ 景区门口的一块巨石，镌刻联合国教科文组织的评语：“客家土楼是世界上独一无二、神话般的山村民居建筑奇葩。”

便于重点游览，少走冤枉路，我们请了一位导游，本村人，姓林，20多岁的姑娘。据她介绍，洪坑现有200多户800多口人，全部是客家人，以林姓为主；全村现存的大型土楼，明代建造的13座，清代33座，包括圆形、正方形、半月形等几种式样，以振成楼、奎聚楼、福裕楼最具代表性，均为全国重点文物保护单位。

先去看振成楼。导游显然经过培训，一路上她话语不断，让我们对土楼的构造原理有了更深入的了解。土楼一般为四或五层，每座楼内，均为同宗同族，几代同堂，共享合家团圆的天伦之乐。土楼建筑具有防震、防火、御敌、通风采光好、冬暖夏凉等多种功效。外墙以巨石为基，取当地的生土，掺上细沙、石灰、糯米、蛋

▼ 隔着广场看过去，一座精致的圆形土楼，绿水环绕，田园烘托，犹如巨大的飞碟从天而降

清等，并将竹条嵌入中间，利用良好的弹性，达到较好的抗震效果，再借助模夹板，经过反复捣压，夯垒成厚实严密的墙体，有如钢筋混凝土般坚硬，即便用土枪土炮，也难以射透。所以，既可以御敌，又能防止台风侵袭，而且还有良好的隔温作用。

洪坑景色秀丽，一条溪水从村中穿过，路边可见多座土楼，大小形状不一，却颓垣断壁，无人居住。导游解释说：“有的破损严重，有的已无保留价值，又没有能力维修保护，只能顺其自然了。”一座四层的方形土楼，墙体多处裂纹，匾额上书“庆云楼”，门口标牌标明“免费参观”，我们顺路走进去，果然，楼内残破杂乱，只有寥寥几户人家，其余房间已无法居住。

过了“水尾桥”，就是著名的振成楼。隔着广场看过去，一座精致的圆形土楼，绿水环绕，田园烘托，犹如巨大的飞碟从天而降，

在晨光里弥漫着神秘色彩。大批游人还没到来，正好拍摄它的全貌：优美的弧线，凝重的气度，让人油然而生敬重之感。巨大匾额之下，楹联“振纲立纪，成德达材”，诠释了楼名的寓意。导游自问自答：“漂亮吗？这可是永定的‘土楼王子’呀。”然后，带我们走进楼内。随着导游的讲解，这座1912年的建筑，仿佛又重新“活”了起来。楼体占地5000平方米，分内外两圈，规模宏大，中西合璧，据说当年用了8万银圆，历时5年才建成。我们先走内圈，两层的结构，底层两厅8间，与高大的祖堂围成一个中心天井。祖堂宽敞，仿西式风格，前置4根圆形石柱，内壁多副名流楹联，客家文化传统可见一斑。客家人聚族而居，祖堂作为祭祀列祖列宗的场所，处于楼内核心地位，平时兼做舞台，是族人从事集体活动的中心。内圈的二层，是环形回廊，装饰铁质花格围栏，形成风格别致的楼台。走出内圈，我们又来到外圈，举头观望，4层的结构，每层两厅44间，有通廊相连，檐下一圈圈大红灯笼，充满喜庆祥和气氛。底层用墙隔成8个单元，各自独立院落，彼此有拱门相通，形成整体的环形通道。房屋式样统一，木格门窗，庭院石桌竹凳，盆栽花草，构成一个个温馨的休闲区域。我们边走边看，底层各个房间，基本是厨房和饭厅，门户大开，有的开了小店铺。二层以上，是各家卧室和仓库，木板楼梯，抗踩踏强度有限，禁止游人上去。为了拍摄照片，我想法通融了一下，蹑手蹑脚上了楼。楼上静悄悄的，各层通廊边沿，厚实的木栏，保证出行安全，单元之间，用矮木栅相隔，并有各自的楼梯，生活起居互不干扰。站在顶层观看，土楼砖木结构的精致，建筑艺术的独特，让人更加赏心悦目。时间有限，不能长时间停留，快速拍了几张照片，我便匆匆下来了。

圆形土楼，是闽南山区客家人的典型民居，一般由二、三圈组成，外圈高达10多米，由内到外，逐步扩展。一、二层外表不开窗，仅有的一道大门关闭，便成为坚不可摧的堡垒。由于土楼大多坐北朝南，到了中午，阳光便可照到天井，使得楼内光照充足，尤其是圆楼，日照面积大，得到的光照就充足，可以光顾到每个角落，达到防潮防湿的效能。土楼的结构和功能，最大限度地满足了小农经济时期的需要，楼内水井、磨坊等生活设施一应俱全，自给自足。从家族秩序方面，小家有家长，族内有族长，伦理法则，管理有序，土楼俨然

▶ 土楼砖木结构的精致，建筑艺术的独特，让人更加赏心悦目

▲ 洪坑村确实很大，沿溪河往里走，岸边的路越来越窄，建筑物更为密集，土楼也多了起来

一个相对封闭的小社会。导游告诉我们，毋庸置疑，振成楼是永定圆形土楼的精品，而接下来要去看的那两座土楼，则是另外的两种不同类型。

洪坑村确实很大，沿溪河往里走，岸边的路越来越窄，建筑物更为密集，土楼也多了起来，朝阳楼、景阳楼、光裕楼、如升楼等，造型各异，大小不一。隔水对岸，就是端庄宏大的福裕楼，两座横楼错落有致，前低后高，灰瓦覆顶，屋角飞檐。从“溪背桥”转过去，沿溪没走多远，我们来到福裕楼前。由于面水而立，大门开在两侧，楼前围墙内的坪院铺满大块河卵石。福裕楼占地7000平方米，是永定府第式土楼的经典之作，由洪坑林氏20世的三兄弟，耗资10多万银圆，于清代光绪六年（1880）建成。导游介绍，福裕楼的设计者是当时的汀州知府，他是林氏兄弟的朋友。该楼结构复杂，由

▶ 奎聚楼内尚有24户居住，同族同姓，共聚一堂，我想象一下，待到各家烧火做饭时，该是多么温馨热闹的生活场景

多组建筑组合，层次丰富，主次等级分明，比一般的方楼更为气度恢宏、典雅高贵。前楼有3个大门，走进里面，又有两侧厢楼相围，前后横楼之间，是宽敞的祖堂，隔成前后两个天井，相互有过廊连接。祖堂雕梁画栋，厅后两边柱子上悬挂木质楹联："几百年人家无非积善，第一等好事还是读书"。全楼5个主体建筑，呈5个层次，层层叠落，飞檐翘角，形如鸟翅，所以又称五凤楼。刚才在振成楼，我们已经看得比较详细，所以在此没过多停留，大体看完了主体结构，便出来直奔北面的奎聚楼。

奎聚楼，又是一座方形土楼。不过，它有别于福裕楼，远远从外形看，为独体宫廷式建筑，颇有布达拉宫的气势。清代道光十四年（1834）始建，历时6年，占地6000平方米，设计者是一位翰林学士，与林姓楼主是结拜兄弟。楼前是矮墙院落，主体正面严密，只设一个大门，一、二层也没开窗。青石门框的两侧，镶嵌一副对联："奎星朗照文明盛，聚族于斯气象新"。我猜应该是喻义家族中人才辈出，导游点头称是，随即带我们进去参观。楼内的结构，为三四堂落，前楼三层，后楼四层，中间照例为祖堂，两侧厢楼相围。祖堂极具特色，两层楼阁式，重檐歇山顶，后楼的两层腰檐前探，形成4层重叠的屋檐。前楼和后楼屋顶分为3段，断檐歇山顶，两侧厢楼为悬山顶，而且前半部分和后半部分之间，各层之间防火墙相隔，用走廊和拱门贯通——如此繁杂的

▼ 隔水对岸，就是端庄宏大的福裕楼，两座横楼错落有致，前低后高，灰瓦覆顶，屋角飞檐

结构，看得我们眼花缭乱，不禁叹为观止。如今，楼内尚有24户居住，同族同姓，共聚一堂，我想象一下，待到各家烧火做饭时，该是多么温馨热闹的生活场景。

从奎聚楼出来，便结束了洪坑土楼群的游览。告别导游姑娘，我们驾车前往高北村，去看那里的土楼群。

高北土楼群。高北土楼群，也是列入《世界遗产名录》的“六群四楼”之一，十几座各式土楼中，最具观赏价值的是侨福楼、承启楼、世泽楼和五云楼，沿着溪水，一字排开，所以不用导游，依次游览就可以了。首先看到的侨福楼，1962年的建筑，石砌的院墙，院门的红旗装饰，突出代表着那个时代的鲜明特征。20世纪50年代以后，永定继续建设了一些土楼，由于时代背景的不同，以及其他诸多因素的影响，建筑风格也发生了较大变化，结构趋于简单，装饰朴素无华，更加注重实用性。比如这座侨福楼，虽是海外华侨筹资建造，但建造者思想保守，设计为单圈的圆楼。楼内结构，更是简朴得近乎寒酸，三层的圈楼，天井空旷，寥寥几棵绿植，只有大门正对着的祖堂，4根石柱和围栏，点缀着仅有的奢华。不过，“博士楼”的称谓，却让侨福楼名扬乡里，一座土楼里出了11位博士，成为远近客家人学习的榜样。

侨福楼的东侧，坐落着最具盛名的

◀ 承启楼又称福建“土楼王”，是永定最大的圆形土楼

承启楼，也是永定最大的圆形土楼。楼前没有围墙，一片鹅卵石开阔地，更远的前方，是更为开阔的田野；楼的两侧，分立两块巨石，上面刻着“大世界基尼斯之最”（即吉尼斯世界纪录）和“永定客家土楼”的标识，衬托着这座高大、厚重、粗犷、雄伟的土黄色建筑。该楼为江氏族人所有，早在明代末期，他们就已破土奠基，直至清代康熙年间，三代人的不懈努力，终于建成这座巨大的家族聚居之所。承启楼又称福建“土楼王”，除了年代久远，主要是因为其规模宏大。走进楼内，独特的建筑形式，完美的视觉效果，又让我们眼花缭乱了：里外三圈，结构复杂，圈层交错。最外圈为四层，每层72个房间；二圈两层，每层40个房间；里圈单层，32个房间，总共400个房间。最中心是祖堂，“神

▲ 走进楼内，独特的建筑形式，完美的视觉效果，又让我们眼花缭乱了：里外三圈，结构复杂，圈层交错

▲ 楼内现住60余户、400多口人，据说最多时住过800多人，就像当今一个人口稠密的居民社区

州第一楼”的横匾、“承前启后尽阅人间春色，继往开来饱览世纪风光”的楹联，道出了它在前世的传奇。我还注意到，那副“忠厚传家远，诗书济世长”对联，颜筋柳骨，笔力遒劲，如果是楼内主人所书，可见其书法修养的程度。楼内现住60余户、400多口人，据说最多时住过800多人，就像当今一个人口稠密的居民社区。楼上是各家的居室，楼梯紧闭，谢绝外人上去，我们只能在底层参观。周长200多米的走廊，70多间房屋，不同人家的生活场景，有屋内开店铺的，有门前摆摊的，有现场制作食品的……完全是一圈热闹的商街，慢走闲逛，有滋有味，情感不知不觉融入其中，忘记自己原本是异乡客。我还知道，1986年，我国印制的“中国民居”系列邮票中，这座承启楼即为图案之一，成为向国内外发行的一张“国家名片”。

再往东侧，是长方形的世泽楼，四层结构，清代嘉庆年间所建，1929年毁于大火，1931年按原样重建。刚刚看了承启楼，相比之下，我们对这座土楼兴趣不大，在门口望了一眼，并没有进去，倒是记住了门前地面上那枚巨大的“古钱币”，是用卵石拼成的，图案逼真，惟妙惟肖。

与世泽楼相邻的，是"年迈"的五云楼，建于明代永乐年间，也是高北江氏家族现存最古老的建筑。四层的方楼，面阔25米，门外有矮墙院落，目前正在维修，无法到近前去欣赏，只能远远投去一瞥，用目光和它隔空交流。

参观完承启楼，可以用心满意足来形容了，我们驱车赶往下一站：南溪土楼群。

南溪土楼群。南溪，湖坑镇境内的一条溪河，两侧山脉连绵，树木青翠，形成两山夹一沟的河谷盆地。南江村紧临南溪，溪水被几级石坝截流，形成平如绿镜的水面，瀑布状倾斜而下。这里又叫"土楼沟"景观，现存23座土楼，圆形、方形、八角形，一座座面水而立，与对岸秀山隔水相望，一并映入水面，呈现出人居与自然融为一体的生态环境。振阳楼、福兴楼、庆福楼，同是方形土楼，比邻而建，就像3个孪生兄弟，身高相同，体态敦厚。其中的振阳楼，建于清代康

◀ 南江村紧临南溪，溪水被几级石坝截流，形成平如绿镜的水面。一座座土楼面水而立，与对岸秀山隔水相望

▲ 土楼内，只有少数人家居住，虽然空旷寂静，却收拾得干净整洁，毫无荒凉和残破之相

熙年间，是南江村年代最早、规模最大的土楼。这些土楼内，只有少数人家居住，虽然空旷寂静，却收拾得干净整洁，毫无荒凉和残破之相。附近多座砖混楼房，现代结构样式，外墙均涂为土黄色，和土楼色调保持一致，维护原生态的乡土气息。留守在此的村民，有的摆摊卖货，有的闲坐楼前，优哉游哉，其乐融融。溪畔石栏上，飘扬着一面面当年工农红军的旗帜。有村民告诉我们，南江村是著名的红色山村，1927年，湖坑地区第一个党支部就建在这里，1942年，作为基层武装的革命基点村，这里成为闽粤边革命活动的领导中心。因此，有理由相信，南江村的明天一定会更好！

南溪狭长的河谷地带，除了南江村，两岸还有另外5个村子，100多座土楼，方方圆圆，或大或小，或高或低，或聚或散，分布在梯田旁、溪岸上，宛如接续不断的长城，蜿蜒十几公里，蔚为壮观。如此土楼奇观，却让我们错过了，事后我还得知，《世界遗产名录》“六群四楼”中的振福楼和衍香楼也在这条河谷内，更是追悔莫及。由于事先攻略做得简单，开车导航来到南江村，以为就是南溪土楼群的全部，快速转了一圈，我们便匆匆离开，去看更为精彩的初溪土楼。

初溪土楼群。来到景区门前，已近黄昏，我们买票进去，先走一段沿山步道，上下起伏，周边风景怡人，然后再坐电瓶车，直接开到观景台。站在台上遥望，初溪土楼群尽收眼中：一条溪水蜿蜒而下，水底遍布大大小小的鹅卵石，梯田层层，绿丛满坡，数十座各式土楼，背倚青山茂林，面水而立，气势磅礴恢宏，不愧是《世界遗产名录》的“六群四楼”之一。

初溪是明代建的村落，世代居住着徐氏家族，全村5座圆楼，其余都是方楼。从观景台下来，跨过一座单孔石桥，沿着水泥坡路上去，便进入了土楼群中。初溪土楼有两个特点，一是楼名都带有“庆”字，如绳庆楼、集庆楼、庚庆楼、锡庆楼……据说，徐氏最早建的土楼，名叫“和庆楼”，虽然早已毁坏，其后人不忘“祖楼”，继续沿用“庆”字，以示人丁兴旺，代代相传；二是续建时间较长，永定现存最古老和最年轻的土楼都在这里，从明代初期的集庆楼，到1979年的善庆楼，跨度600多年，独特的风格，古老的韵味，自始至终，一脉传承，称得上是一部不朽的永定客家土楼建筑史。

过了桥，村头的最南端，是正方形的绳庆楼，坐东朝西，建于清代嘉庆四年（1799）。楼高4层，面宽39米，进深27米，一、二层照例没有窗户。大门敞开，可自由进出，里面还有内楼，两层结构，中间的祖堂，由两尊石狮蹲守。全楼共有168个房间，住户不多，游人也都撤离了，显得空旷冷清。关于楼名，楼内有一副对联“绳以木从成乃厦，庆由善积有其家”，借用成语“绳锯木断”，寓意日积月累才能成就大厦。因为要去看集庆楼，顾不上细致游览，我们很快便离开了。

集庆楼紧邻西侧，明代永乐十七年（1419）建成，除了年代久远，其结构也特殊。从外观看，楼高4层，普通的圆形，顶层外墙的檐

▼ 初溪是明代建的村落，世代居住着徐氏家族，全村5座圆楼，其余都是方楼

▲ 集庆楼则有72道楼梯，是永定楼梯最多的圆楼

下，设置多个瞭望台，设计之初应为防御之用。楼门也普通，两侧是嵌楼名联“集益鸣谦德，庆作积善征”，横额“物华天宝”。进了楼内，才看到特殊之处：楼梯数量多。一般的圆楼，设两道或四道公共楼梯，每层环廊相通，方便相互往来，集庆楼则有72道楼梯，是永定楼梯最多的圆楼。这些楼梯把全楼划分相等的单元，每户一至四楼，各有自己的楼梯，一家一梯，上下方便，避免了互相干扰。让我们欣喜的是，游人可以随便上楼，我当然不能放过机会，登上顶层俯拍了多张照片。楼内直径66米，中间还有一圈建筑，围绕着中心祖堂，构成全族祭祀和议事场所。集庆楼是全国重点文物保护单位，作为旅游景点对外开放，楼内住户现已搬走，所以整个建筑保持得完好无损，厚达两米的土墙，风霜雨

▲ 集庆楼是全国重点文物保护单位，作为旅游景点对外开放，楼内住户现已搬走

雪，依旧傲然挺立，支撑着这座历经6个世纪的庞大建筑。

集庆楼周边，是另外的4座圆楼。右面的庚庆楼，建于清代道光二十九年（1849），楼高3层，大门两侧，仍是嵌楼名对联“庚歌颂五福，庆衍祝三多”。我曾经查阅过，中国民间传统文化中，五福为长寿、富贵、康宁、好德、善终；三多是多福、多寿、多子。楼内两道楼梯，与其他土楼相同，中心是祖堂，只是居住着人家，我们不便上楼参观。然后是余庆楼，清代雍正七年（1729）建成，同样为3层，因为也有住户，我们没再进去，记下嵌楼名对联“余向千载福，庆祝万年春”，通俗易懂，感觉是今人所作。这两座楼临近溪水，地基用石块高高垒起，往下又修了石级，直接通到溪水边，方便汲水和洗涮。集庆楼的后面，是锡庆楼和相邻的两座圆楼：福庆楼和善庆楼。福庆楼建于清代道光二十九年，高3层，单圈结构，祖堂在内院中间，方形单层；善庆楼，就是永定最年轻的土楼，由徐姓华侨捐资，建成于1979年，外墙涂成白色，远远望去非常醒目，外墙还挂满了空调外机，高3层，直径仅31米，也是单圈结构，两道楼梯。善庆楼最大的建筑特色是天井没建祖堂，全用花岗石铺设，嵌楼名联也很现代：“善政安天下，庆云兆太平”。

一个人口稀少的村落，何以在此生存几百年，如若有缘到此一游，这些土楼会告诉你——正是它们的承

◀ 庚庆楼和余庆楼临近溪水，地基用石块高高垒起，往下又修了石级，直接通到溪水边，方便汲水和洗涮

▲ 集庆楼内直径66米，中间还有一圈建筑，
围绕着中心祖堂，构成全族祭祀和议事场所

载，客家人才得以安居乐业，才能实现他们世代相传的梦想。

天色渐暗，我们没再往里走，转身回到观景台。再次遥望远处的土楼，有薄雾在山水间飘浮，靠近溪水的4座土楼，沐浴落日余晖，开始呈现梦幻般的色彩。据说，此时此刻的这“三圆一方”，是永定土楼群中最美的景观，我们领略到了，挥挥手向它告别，同时也将它深深记在了脑海里。

二、南靖土楼群

第二天，我们去南靖县，继续土楼群的寻访之旅。一路细雨纷纷，还好老天爷照顾我们，刚到田螺坑村雨就停了。

南靖的土楼，以历史悠久、数量众多、规模宏大、造型奇异、风格独特而闻名于世，被誉为“神话般的山区建筑”。全县现存的15000多座土楼，主要集中在田螺坑和河坑两个土楼群，与另外的和贵楼和怀远楼，一并列入《世界遗产名录》。我们没去稍远的河坑村，先来到了田螺坑土楼群景区。

田螺坑村土楼群，坐落在峡谷中的山坡上。四周群山高耸，中间低洼，形似螺坑，又因产田螺而得村名。听当地老人讲，早在600多年前的明代，迁徙这里的黄姓人家，以饲养鸭子为生，后来生活水准逐渐提高，安居乐业至今。景区大门在山顶处，建有观景台，向下俯瞰，就是土楼群的全景图，如同航拍的视角，让人目眩！令人震撼！

绿野叠翠，梯田层叠，1座方楼居中，3座圆楼和1座椭圆楼围绕，形如一朵盛开的梅花，装点在锦绣大地上。有人形容其形似“四菜一汤”，又有说是形似飞碟从天而降，既贴切又有趣，能让你生出更多的想象。这种独特的建筑形体，将人类文明与自然环境巧妙组合，令人赞叹不已，钦佩有加，即使誉为“世界建筑奇葩”，我想也毫不为过。

▼ 田螺坑村土楼群，坐落在峡谷中的山坡上。四周群山高耸，中间低洼，形似螺坑

从观景台下来，修筑的层层石阶，蜿蜒到土楼群中。和昌楼位置最高，首先呈现在我们面前。这座清代嘉庆元年（1796）的圆楼，门面简陋破损，两侧红字书写的嵌楼名联，已经残破不全，“和是天下通行宝，昌乃万物生存根”，不知是否前人所撰。走进楼内，却是

◀ 居中的步云楼，也是田螺坑唯一的方楼。此楼与和昌楼同年所建，除了外形各异，楼层和结构基本相同

▲ 振昌楼和瑞云楼均为三层圆楼，也许是年代接近，规模也都差不多

热闹的场景，祖堂没建在院中，而是设在正对大门的敞厅内，所以楼内视线开阔，三层结构一目了然。底层的人家，几乎全是商铺，货品多是自产，有的还在旁边现加工；二、三层是居室，大红灯笼，红字对联，檐下晾晒着衣服；每层22个房间，两部楼梯，静谧而祥和。从和昌楼出来，往下几级石阶，是居中的步云楼，也是田螺坑唯一的方楼。此楼与和昌楼同年所建，除了外形各异，楼层和结构基本相同，只是房间稍多，设4部楼梯。底层也都是商铺，其中还有画坊和古玩小店，似乎多了点文化氛围，不过，嵌楼名联却稍显逊色，“步上九天揽明月，云长八方会高朋”，我默念了几遍，实在不敢恭维。围绕步云楼的另3座土楼，都是现代所建：1930年的振昌楼，1936年的瑞云楼，均为三层圆楼，也许是年代接近，规模也都差不多，每层26个房间；最底下的文昌楼，1966年建成，椭圆形，虽然建得最晚，却是5座楼中面积最大的，同样是三层，每层32个房间。站在文昌楼旁，我抬头仰视，5座土楼层叠错落，顺山势而立，上下落差近20米，显得更为高大壮观。当地有传说，田螺坑这5座土楼，是按照“金木水火土”五行相生次序建造的，眼见为实，玄妙无常，我宁愿相信。早在2001年，这里就被列入全国重点文物保护单位，不过，目前土楼建筑墙体表面破损严重，让人有些担心。也许是我在杞人忧天，政府部门可能早就制定了长期保护的方案了。

　　此次出游，我携带了无人机，原想升空航拍，回到观景台上，我端起相机，居高临下，无人机根本就用不上了。旁边有人叹息："早几天来就好了，周围梯田全是油菜花。"我对他说："留点念想，下次再来就有理由了。"其实，我心里也是这样想的。

和贵楼和怀远楼。这两座土楼，坐落在"云水谣古镇景区"内。进了景区没走几分钟，就看到了和贵楼的雄姿。和贵楼是一座方形土楼，5层的结构，黑瓦深檐，型如巨大的官帽，背靠的青山，苍翠葱茏，衬托着它的土黄色楼体。楼前挤满游客，人头攒动，场面热闹，大门两侧的嵌楼名联"和靓既康禄，贵子共贤孙"，体现出楼主以和为贵的人生价值观念。清代雍正十年（1732年），简氏家族建造此楼之初，并不知下面是沼泽地，刚建了一层，就慢慢沉入烂泥里，无奈之下，用大量的松木桩打入下沉的墙体，在此地基上重新垒砌，建起这座非同寻常的土楼，奇迹也从此产生了：200多年来，和贵楼固若金汤，宛若陆上的"挪亚方舟"，悬浮在沼泽地上，成为世界建筑史上一个不可思议的奇迹。

跟随熙攘的人流走进楼内，我们发现里面还有奇特现象。院中建有一座方形建筑，被称为"楼包厝"，三间一堂，堂前天井里，卵石

◀ 这两天看了诸多土楼，多是3层结构，唯有这座和贵楼是5层，据说它是南靖最高的方楼

砌成的水池，用木栅栏围着，禁止游人进入，因为池底有水渗出，以此证明下面确实是沼泽地；院内还有一对“阴阳井”，相距不到20米，水质却截然不同，一口明亮如镜，可以饮用，一口混浊不清，只能用于洗涮，据后人考证，是源于两口井连通着不同的泉眼。这两天看了诸多土楼，多是3层结构，唯有这座和贵楼是5层，据说它是南靖最高的方楼。我抬头环视，每层28间，从晾晒衣物的数量看，差不多都有人居住。底层最热闹，全是敞开的商铺，楼梯有4部，分别在4个角落，我不想错过机会，拿着相机上了楼，尽管脚步轻轻，脚下还是咯咯吱吱作响，浑身也随之颤颤巍巍，就像来到一个未知的神秘世界。因为收费，很少有游客上来，各个楼层静悄悄，家家房门紧闭，仅有5楼一位老人，在家门前摆摊卖货。我注意观察，全楼所有的木构件，包括门窗栏杆，全都保持得完好无损，楼道干净整洁，看不到有任何杂物，可以想象生活在楼内的客家人，该是多么珍惜他们世代相传的居家环境！

这座和贵楼，同样也是全国重点文物保护单位。

▼ 路旁十几株古榕树，远远望去，就像撑开的巨伞，风姿绰约，浓荫蔽天。待走到近前，犹如绿色殿堂，虬枝粗壮，枝繁叶茂

接着去看怀远楼，要走过一段长长的石路——云水谣古栈道。云水谣镇原名长教，因电影《云水谣》在此拍摄而易名，这条古栈道也随之而改。古栈道长约10公里，全部用鹅卵石铺成，据当地老人讲，千年以前，进京赶考的学子们，就是从这条石路上，一步步走出去的。如今，千年岁月的磨砺，路面光滑凸凹，走在上面不得不放慢脚步。其实，即使路面平坦无碍，我们也会走得很慢，因为这条古栈道的景色实在是太迷人了。

▲ 四五百年树龄的古树，盘根错节，昂首云天，树干底端需10多人才能合抱

一条宽宽的溪水，平静碧绿，古栈道沿溪而建，有的缓坡路段，路面没入水中，有的路段筑在矮坝之上，走起来上上下下，似乎回到了童年的乐趣之中。路旁十几株古榕树，远远望去，就像撑开的巨伞，风姿绰约，浓荫蔽天。待走到近前，犹如绿色殿堂，虬枝粗壮，枝繁叶茂。这些榕树全都在百年以上，据说是福建省最大

▲ 古树下面的平台上，几个当地的乡土艺人，吹拉弹唱，又增添了古栈道上的喧闹气氛

的古榕树群，有两株已有四五百年树龄，盘根错节，昂首云天，树干底端需10多人才能合抱。也许是《云水谣》电影的广告效应，古栈道上游客众多，溪流潺潺，乡风徐徐，人们享受着回归自然的愉悦，个个笑逐颜开。古树下面的平台上，几个当地的乡土艺人，吹拉弹唱，又增添了古栈道上的喧闹气氛。

快到古栈道尽头，从石墩桥过到对岸，沿着碎石小路，再经过一块茶园，就看到怀远楼了。楼前一大片开阔地，修整成园林式的休闲区，从古栈道过来的游客，陆陆续续聚集在这里，或在楼内游览，或蹲坐在路旁小憩。果然是《世界遗产名录》中占有一席之地的建筑，怀远楼的外观，气势非凡，风格独特。大门四周，用红砖围成一个方框，框内涂成白色，两边的上角，装饰蓝色三角图案，拱形门洞的上方，红底匾额，镌刻“怀远楼”3个雄健大字，两侧是嵌楼名联“怀以德敦以仁借此修齐遵祖训，远而山近而水凭兹灵秀毓人文”，细细品读，客家以德育人的风尚让人无比敬佩。楼名上方，绘有一幅八卦图案，据说福建土楼中唯此一幅八卦平安

符。怀远楼是一座双圈的圆土楼，建于清代宣统元年（1909），由旅居国外的简氏后代捐资，也被誉为福建工艺最精美、保存最完好、文化内涵最丰富的土楼，2006年被列为全国重点文物保护单位。

楼内的里圈，是平层的建筑“诗礼堂”，以前是家族子弟读书的地方。堂内的上厅是“斯是室”，两边立柱的对联，借用唐代诗人刘禹锡《陋室铭》中“斯是陋室，惟吾德馨”，可谓恰到好处。“斯堂讵为游观祇计敦书开耳目，是室何嫌隘陋惟思尚德课儿孙”，读来让人回味无穷。外圈是土楼主体，4层结构，高14.5米，每层34间，共136间房屋。两圈之间的底层，像是一个圆形的集市，各家开设的店铺，通道边的摊床，还有人在打理家务，并不理会嘈杂的游人。我们跟随着人流，慢慢腾腾转了一圈儿，虽然没买东西，近距离感受客家人的日常居家生活，同样其乐融融。楼上禁止游人进入，我们只能仰望一圈，依依不舍地离开。

即使有再美的景色，估计人们都不会再走回头路，所以，景区管理者考虑到了这点，有免费大巴车可以坐回来。

离开云水谣，也就结束了我们的土楼之旅。坐在车里，我心里默念着：“再见了，客家土楼，思念多年，今日得以相见，完全超乎我以前的想象，所以也就不会留下任何遗憾了。”

▶ 怀远楼是一座双圈的圆土楼，被誉为福建工艺最精美、保存最完好、文化内涵最丰富的土楼

一个朝代的背影

▲ 我们走进城门，里面还有拱门，围着精致的小瓮城，呈六角形状

宋代灭亡后，贵为皇族的赵氏后裔，从此销声匿迹了吗？他们如今生活在哪里？今天的赵家堡会告诉你。

赵家堡，坐落在漳浦县湖西乡，当地人又叫它赵家城。我们过来的第一眼，果然是座城堡式村落：有城墙，向两侧无限延长，周长1200多米；当然也有城门，是村子的北门，只遗存石条门框。门口有售票亭，管理人员介绍：此门原为正门，寓意赵氏祖先来自北方，门上还建有城楼，早已经毁坏掉了。我们走进城门，里面还有拱门，围着精致的小瓮城，呈六角形状，一块青石匾额，丢弃在墙角处，刻着“硕高居胜”，空地上立有两通石碑，字迹模糊，我仔细辨认，其中一块是“硕高筑堡记”，为赵范所撰写，此人是建堡时的赵氏始祖。

赵家堡背后的故事，鲜为人知。南宋祥兴二年（1279），元军攻陷广东崖山，丞相陆秀夫身背幼帝投海，大宋王朝宣告结束。当时，闽冲郡王赵若和（宋太祖赵匡胤之弟的第10世孙），率领几艘船侥幸逃出，在漳浦县海岸登陆，辗转至此，改为黄姓，从此隐居下来。明代隆庆五年（1571），赵若和第10世孙赵范中进士，任户部员外郎等职，他衣锦还乡，寻到先祖居住故地，按照宋代模式建楼筑堡，建成赵家堡的内城（瓮城里的碑文就出自他的手笔）。到了万历四十八年（1620），赵范的儿子赵义，专程前往开封、杭州，考察那里的建筑布局，以此为蓝本，扩建了赵家堡的外城，形成今天我们看到的这座完整的仿宋建筑群。

从北门瓮城进去，迎面的武庙，当然是关老爷的圣殿，大门楹联也归纳得精练：汉封侯宋封王清封大帝，儒称圣释称佛道称天尊。里面的正殿，应该是清代原建筑，供奉关公等人的画像，“鼎祀千秋”匾额，显然是近年复制的，原题字是赵义于明代万历壬子年（1612）所书，庙内淡淡的香火味，说明常有村人来祭拜。出了武庙往城内走，路旁是“北三堂”，依次为孝堂、史堂、守堂，清代初期所建，均为三进结构，只是破损严重。所以没有拆除，我想可能要进行维修。从这片建筑穿过去，拐向城墙边的甬道，沿路往里走，前面是东城门方向。这一段城墙较为完整，墙高6米，基础是条石，三合土垒墙，上面还留有垛口。赵家堡城墙的三合土，据说是用糯米、红糖和沙土拌和，发酵半个月，再夯筑成墙，堪比现代的水泥质量。我好奇地上前抚摸，

▼ 从北门瓮城进去，迎面的武庙，当然是关老爷的圣殿，里面的正殿，应该是清代原建筑，供奉关公等人的画像

感觉和顽石一般，果然坚硬无比。

古树苍翠，绿植簇簇，沿路景色赏心悦目。经过“辑卿小院”，园林式的精巧建筑，由赵义于明代崇祯七年（1634）建造，也是他当时的读书之处。院内翠竹掩映，假山、石桌、八角亭，三开间的堂屋，雅致幽静。赵义曾任明代文华殿中书舍人，院外巨石上的“读书处”也是由他题刻的。“辑卿小院”连接的“南三堂”，均为同时期所建，当时是赵氏第三代的宅院，自北至南为惠堂、忠堂、志堂，我目测了一下，与“北三堂”同在一条线上，因建造年代相近，结构也基本相同，均是三进三开间，院内左右设厢房。相比之下，“南三堂”保存得更为完好，粉墙红瓦，屋脊飞翘，现已辟为“老人活动中心”和“赵家堡博物馆”，馆内悬挂一块“汴派流芳”匾额，提醒族人不忘宋代汴梁城。南三堂现在是村子的公共场所，门前石条铺地，打扫得干净整洁。

▲ 赵家堡城墙的三合土，据说是用糯米、红糖和沙土拌和，发酵半个月，再夯筑成墙，堪比现代的水泥质量

赵家堡有4个城门，东门在“南三堂”这边，两层

▶ 南三堂现在是村子的公共场所，门前石条铺地，打扫得干净整洁

的城楼，门额镶嵌石匾“东方钜障”，如今是村子主要通道。城楼对面，是一座小庙，供奉的是土地公，白须白发，古代地方员外打扮，一手拿元宝，一手执龙头拐杖，面容慈祥温和。在中国南方，祭祀土地公，以求赐五谷丰登，在民间较为普遍。庙前有摆摊的农妇，问她“内城”的位置，她指给我们看远处一座高高的建筑：就在那边，叫完璧楼。

去完璧楼的路上，多幢老旧的民居，被一条石板路牵系着，横七竖八地散落，多次的翻修改造，已看不出它们的始建年代，唯有一座“诒燕堂”，算是较为完整的古建筑。我用手机百度了一下，“诒燕”，出自《诗·大雅·文王有声》，意思是为子孙妥善谋划，使其安乐，可见赵氏先祖的良苦用心。这是一座典型的闽南民居院落，清代同治年间所建，地势较高，登上几级石阶，才能进入院门。两道院墙，里面是正房，三开间结构，匾额字迹模糊，勉强认出“诒燕堂”3个字，两侧木窗上面，雕刻“入孝”“出弟”，与“诒燕”相得益彰。角落里坐着一位老者，可能是负责看护，他告诉我们，住户已经迁出，现专供游客参观之用。

▼ 去完璧楼的路上，多幢老旧的民居，被一条石板路牵系着，横七竖八地散落

完璧楼和环绕它的土堡，就是赵范最早筹建的内城，仿照北宋京城的式样，于明万历二十八年（1600）完工，也是赵家堡最高的建筑。我满心虔诚走进去，可是目睹零乱无序的现状，让我们大失所望。总体建筑均完好，主楼为方形的三层，对面二层小楼，两侧厢房相围，形成一座封闭严实的小城堡。院中垫起一块平台，

与主楼大门相连，门额嵌青石匾，镌刻“完璧楼”，不用费心猜想，一定是“完璧归赵”之意。主楼基础用条石砌筑，三合土垒墙，楼高20米，各层多间房屋，二层有四合通廊与后楼相连，围出中间的天井。天井造型奇妙，类似一个水池，与平地落差近2米，通过楼梯下去，据说有地道通往城外，但我们没有找到入口。我还听说，以前楼内挂有宋代18位皇帝的肖像，走遍所有房间，也不见踪影，只有一柄锈迹斑斑的关公刀，摆放在一间密室里。我站在天井里，环顾眼前残破的景象，内心隐隐地痛惜。或许是没钱维修，或许是没人管护，这座古建筑已经近乎荒废，不知何时才能“完璧归赵”。

▲ 完璧楼和环绕它的土堡，就是赵范最早筹建的内城，仿照北宋京城的式样，于明万历二十八年（1600）完工，也是赵家堡最高的建筑

听说4个城门中，南门最耐人寻味，我们好奇地走过去。小路荒芜，好不容易走到近前，却见城门用石头封堵，根本不能出入，而且城外是山，也没有一条向外走的路径。由此看来，“南下”已成为赵氏皇族后裔的禁忌，赵范、赵义父子虽然身处明代，但对祖先屈辱的经历依然刻骨铭心。

赵家堡最大的建筑群，是赵义扩建的5座府第，位置在城内的中心，俗称“五落官厅”。到了明代万历年间，赵氏族人日渐增多，为了满足居住需求，必须建造更多的房屋。这5座府第，面阔3间，均为五进的院落，两侧又有3行厢房，共计150间房屋，接近现在居民小区的规模。5 座府第并列，中间有巷道相隔，方便各家出行。虽然整体格局还在，很多房屋却损毁严重，有的已成废墟，后排的二层楼阁，更看不出具体结构。好在前排建筑还算完整，飞檐上可见云龙彩凤雕塑，有人家正常居住，生活气息很浓。中间那座府第，三进的厅堂里，悬挂一幅“福曜贺兰”匾额，我猜想可能是赵氏家族的祠堂。旁边的小伙儿告诉我们，此匾是神宗皇帝当年赐给赵范的，至于历史背景，他也说不出所以然来。小伙儿坐在自家门前，正在拾掇刚摘的蘑菇，我开玩笑地问他：“你也是皇族后代吗？”他抿嘴笑了笑，未置可否。眼前古建筑的现状，让我感到很惋惜，他却乐观地告诉我，政府已经规划好了，要投资进行大规模维修，他看我不太相信，又认真地补充道：“要不咱们早搬走了。”小伙儿很健谈，没等我们多问，又主动说了起来：“如今的赵家堡，还居住着100多户赵氏人家，他们不但保留有完整的族谱，还沿袭祖先传下来的生活习俗，例如每年的元宵节，都要举行‘吃丁桌’仪式，就是在这一年里结婚生子的夫妻，要在祠堂大摆宴席，邀请全城16岁以上的男人出席，欢庆赵氏家族添丁进口，血脉得以延续。”至于那座完璧楼，他更是信心满满，说已经制定出了恢复原貌的规划。

▲ 赵家堡最大的建筑群，5 座府第并列，中间有巷道相隔，方便各家出行

府第前是小广场，铺满大块石板，“父子大夫”石坊旁，残留5组夹杆旗座，默默立在那里。广场外有两个荷花池，池上一座小石桥，名为“汴派桥”，以寄托对北宋首都汴梁的思念之情。池边立有一块石碑，上面的“墨池”二字，据说是拓印米芾的手迹镌刻上的。站在广场上，西边一座石塔跃然入目，我们径直走过去，登上杂草丛生的小土丘，就是石塔矗立几百年之地。石塔名为聚佛宝塔，方形实心，高度6米，小巧玲珑，瘦瘦的塔身，共分7级，表面雕有多尊佛像，据说是仿照开封铁塔的样式，高度缩小十分之一。石塔旁卧着一块巨石，上面刻有“悟石”二字，站在它旁边，我想也该略有所思吧：故国不堪回首，大宋构建几百年的大厦，最后轰倒在铁蹄弯刀之下，面对无所不能的佛祖，这支隐姓

▲ 站在广场上，西边一座名为聚佛宝塔的石塔跃然入目

▼ 府第前是小广场，铺满大块石板，“父子大夫”石坊旁，残留5组夹杆旗座，默默立在那里

◀ 今天的赵氏族人，守护着自己的家园，与祖先“隔时共居”赵家堡成为国内唯一的没落皇族聚居地

埋名的赵氏皇族，不知他们能够参悟出什么禅理。

土丘下面，果然是一座小佛庙，我往里看了一眼，供奉的仍然是土地公。小庙正对着西城门，说是西门，和东门并不对应，因为4座城门错位而建。西门仍建有城楼，门额镶嵌石匾，镌刻“丹鼎钟祥”。这里是城内偏僻的角落，荒凉寂静，城墙上爬满乱蓬蓬的荆棘，试图遮掩斑驳的墙体，反而制造出更为沧桑的景象。也许，这就是一代王朝的背景，面对如此残迹，更能让人们追忆起大宋王朝的兴衰，并且铭记其最终的耻辱结局。

今天的赵氏族人，守护着自己的家园，与祖先“隔时共居”。赵家堡成为国内唯一的没落皇族聚居地，至今数百年仍然保持完好的城堡。

据说，海峡对岸的台湾，也“克隆”了一座赵家堡，是那边的赵氏皇族后裔于2005年建造的，虽没机会去看，但我相信确有其事。

涅槃重生

2003年，趁公出的间隙，我曾到过宏琳厝，印象很深，此次再来，算是旧地重游吧。

其实，这里已不再是“旧地”。2016年7月9日，超强台风“尼伯特”来袭，宏琳厝浸水达3米之深，墙塌屋毁，几成秽墟。灾后，文物部门组织修复，某企业集团积极捐款，聘请能工巧匠，“修旧如旧”，历时3年，基本还原了历史面貌和格局，当地人称之为涅槃重生的宏琳厝。

厝，闽语表示具体的居住地。清代乾隆六十年（1795），由药材商人黄祖嘉始建，其4个儿子续建，前后历时28年建成，以其长子宏琳名字命名。当年我初次来时，宏琳厝住满黄氏族人，如今已全部搬迁出去，专门开发为旅游景区。一位农妇模样的导游介绍，当年由于洪水浸泡，部分房屋墙体塌了，但框架受损不严重，修复时主体结构基本没动，包括梁柱等木构件，全是原来的材料，因此，今天的宏琳厝旧貌依然，甚至更具有观赏价值。我听她讲解得专业，好奇地问她：你们都经过培训吧？她回答说，自己就是这里的原住户。然后又指着旁边的清洁人员说：“都是咱们宏琳厝原来的住户。”对方满脸的憨厚，让人感觉亲切，好像我们是她家里来的客人。

宏琳厝是一座巨型庭院式建筑，占地1.7万平方米，整体纵向中轴对称，共三进，666间房屋，大小厅堂35处，又有多个天井、花圃，曾被誉为“民间故宫”，也曾是全国最大保存最完好的古民居单体建筑。只可惜，那场肆虐的台风，让这些“名誉”已成历史，待若干年以后再重现吧。

▲ 宏琳厝的大门，称为虎头门，显示出不凡的气魄

本以为无须导游，进入景区大门，看了宏琳厝全景图例，才觉得后悔，好在有路标引导，不至于走迷了路。

宏琳厝的大门，称为虎头门，匾额由福建省委原书记项南题写，两侧悬挂巨大的“黄”字灯笼，两侧对联“皇宫当游紫禁城，民居应览宏琳厝”，显示出不凡的气魄。进了虎头门，是一进的院落，5开间的面阔，过了屏门，是狭长的“倒厅”，大红的“禧延萱阁”匾额，表明是拜寿的场所。院落纵向延伸，不知“庭院深深深几许”，两侧连接厢房，楼上楼下，左右对称，形成廊回路转、开合有序的建筑格局。巷道纵横交错，走着走着，你会觉得迷失了方位。一间房间里，集中了十几块匾额，我仔细观赏，有官员题赠的，如“圣恩叠锡”“行谊高风”；有科举中第的，如“选魁”“榜眼”；有庆贺祝寿的，如“松柏长春”“古稀偕老”。而且全部为原物件，难得保存得如此完好。

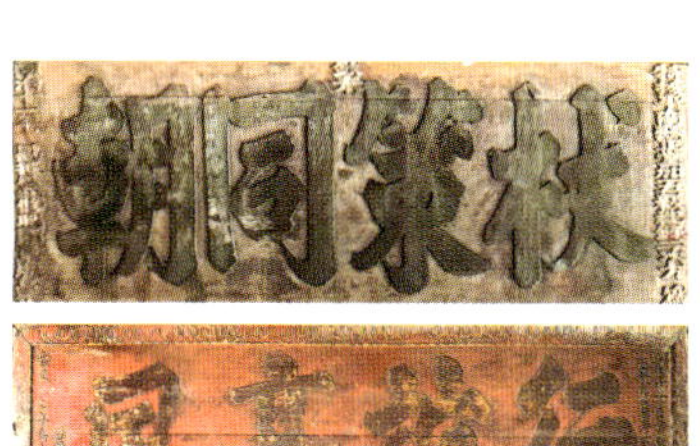

◀ 宏琳厝的一间房间里，集中了十几块匾额

二进与一进之间，有横街相隔，街中央有甬道，两边是庭院门墙，连接高高的封火墙，当地人称之为马鞍墙，为福州地区的建筑风格，墙体边沿的轮廓线，起伏呈流线型，翘角外伸，形似马鞍，故名。二进院门上方，悬挂“庄敬日强”匾额，是黄家一位早年的朋友所题，我上网查询：此句原出自孔子的“君子庄敬日强”，曾国藩在《诫子书》也曾引用，大意是以庄敬的态度去谋求本身的自立自强。可见对宏琳厝的赞美之词，非一般民居宅第可享用。进了院门，穿过天井，里面是宽大的敞厅，应该是婚庆典礼场所。厅内摆放一面大鼓，可供4人同时击奏，旁边还有一顶大红的花轿，八仙桌两旁，高堂就座的位置，四周檐下和梁柱间，悬挂一对对新人的匾额，满堂溢出喜庆气氛。

▲ 福州地区的建筑风格，墙体边沿的轮廓线，起伏呈流线型，翘角外伸

◀ 宏琳厝人不忘红色之本，把当年项南等人在此居住的房间还原出来

二进的院落里，有两间小屋，窗棂上的花卉，雕刻得玲珑剔透，墙壁漆成红色，标明是收租室：收租的季节到了，租户前来交田租，账房先生收钱记账，土地关系史上的和谐画面，也颠覆了人们长久以来对“收租院”的憎恶印象。再看各处的窗户，设计得均偏高，我猜想，可能是为遮掩屋内隐私吧，虽为同宗同族，毕竟各自为家，生活起居方便。

▼ 八仙桌两旁，高堂就座的位置，四周檐下和梁柱间，悬挂一对对新人的匾额，满堂溢出喜庆气氛

宏琳厝人不忘红色之本，把当年项南等人在此居住的房间还原出来，包括工作队员居住的地方，简单的床铺，朴素的陈设，犹如实景再现。这些中国共产党人，曾把这里作为据点，从事革命宣传等工作，为民族解放事业进行不屈的斗争。如今，这里已被福建省委列为“党史教育基地”。

“摄影打卡地”路标，引导我们登上旁边的小二楼。楼上廊道幽静，几处敞开的窗口，居高临下，既可平视屋顶，又可俯瞰庭院全貌。宏梁大柱，凿枘相接，木栅格栏的图案，简约实用，雀替檐头的木雕，巧夺天工。我以为，最美处是屋顶部位，层叠的灰瓦之上，脊线两端向外延伸并分叉，姿态优美如燕尾，为宏琳厝特有的燕尾脊；也有马背型的，翻卷舒展，如祥云“浮”在粉壁顶端。喜爱古建筑摄影的人士，这里无疑是一处绝佳的采风之地。

第三进的建筑，最为华贵庄重。院门之上，是海外后代的“博士后”匾额，代表了他们不忘祖地的培育之恩。栉风沐雨200多年，宏琳厝至今繁衍11代，子孙2000多人，遍布海内外，不乏各行业的精英。大厅

◀ 我以为，最美处是屋顶部位，喜爱古建筑摄影的人士，这里无疑是一处绝佳的采风之地

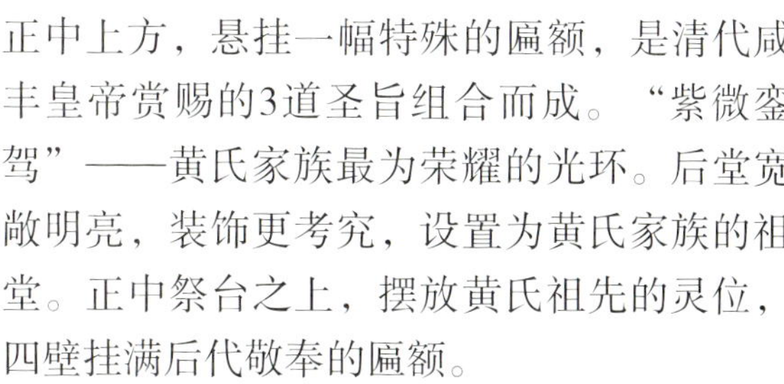

正中上方，悬挂一幅特殊的匾额，是清代咸丰皇帝赏赐的3道圣旨组合而成。“紫微銮驾”——黄氏家族最为荣耀的光环。后堂宽敞明亮，装饰更考究，设置为黄氏家族的祖堂。正中祭台之上，摆放黄氏祖先的灵位，四壁挂满后代敬奉的匾额。

“长幼有序”，是我国传统的道德伦理，在宏琳厝旧时的居住分配上，得到了较好的体现。比如“正厝”第一进，由家族小字辈居住，第二进是中坚辈分，第三进这里，则是族内老辈儿们的居所；正屋两侧的“横厝”，为用人和家丁住的地方，内外有别，不可逾越。当然，如今作为古建筑旅游景区，再无那样的生活场面了，房间大多空荡，摆放的家具，虽然多是古董原物，完全成为一种陈设。

那年我第一次来时，所见的景象至今难忘。所以，我宁愿这里住满人家，鸡飞狗跳，孩子哭老婆叫——充满人间烟火味道，才是宏琳厝真实的原始面貌。

不过，复原后的宏琳厝，还是令人赏心悦目、游兴盎然。环境设计高雅，景物装点恰当，浏览各个庭院中，檐廊回转，粗硕的廊柱，大红的灯笼，花坛水池，花草繁茂，清水畅流，园林般的景观，多少弥补了人居不足的缺憾。

宏琳厝位于梅溪的上游，背山面水，古人认定这是一处风水宝地。

宏琳厝，历经沧桑，涅槃重生，是历史的延续，更是重生中的升华，追随中华民族优秀传统文化的传承，在不断流逝的岁月里实现永恒。

◀ 正中祭台之上，摆放黄氏祖先的灵位，四壁挂满后代敬奉的匾额

福建第一街

逛完福州市的三坊七巷，以为就是福建古街的鼻祖了，来到武夷山西侧的和平古镇，才知“福建第一街”在这里。

和平是一座城堡式村落，建置于唐代，当时称“昼锦”，明代万历十六年（1588），由于常受山贼土匪袭扰，迁居于此的黄氏家族，开始筹资修建城堡，辟8座城门，4大4小，四周高墙环绕。如今城墙早已消失，4座主城门仍然屹立，东、南、西、北，各守一方。

我们停车的位置，是城堡的南门，下了车，抬头观望，高大的谯楼立在前面，条石门洞，卵石墙体，3层的飞檐，整体沧桑的面貌，辨认不出是否明代的建筑。一棵百年的古树，与门楼相互映衬，构成一幅简约明快的摄影画面。

▼ 高大的谯楼立在前面，条石门洞，卵石墙体，3层的飞檐

进了城门，回头再看，木结构的谯楼，后面是用立柱支撑的，上下3层，十几间房屋，俨然一座空中楼阁，除了用于观察瞭望，还可屯兵防守御敌，不知是否为应对当时纷乱的社会状况。实际上，历史上这座城门的重要性，还远不止于此。古时的福建，仅有3条通道出入，其中之一的“愁思岭”古隘道，就在和平古镇境内，为咽喉要道，此门即是必经之处。

▼ 木结构的谯楼，后面是用立柱支撑的，上下三层，十几间房屋，俨然一座空中楼阁

既然是交通枢纽，街路当然异常坚固，中间是青石板，两边卵石，岁月漫长，已经挤压得固为一体。两条主街，仍然保留原来的完整格局，分别连接东西城门和南北城门，其中贯穿南北的这条（此时正在我们脚下），原名叫“旧市街”，即被称为“福建第一街”，全长600余米，宽窄6—8米，随形就势成“九曲十三弯”。古镇有记载，当年这条街上，商贾云集，店铺、客栈、酒楼、烟馆等，凡属商埠需要的设施，一应俱全，无所不有。如今只有一组铁制的剪影，可怜兮兮地立在街口，试图代表旧时的热闹商市。

街口并排两座建筑，静观沧海桑田。靠外面的“睦九堂”，原是黄氏宗祠，现改为“和平戏院”，门前青石牌楼，雕刻精湛，图案是传统的花卉。黄氏家族是和平的大姓，始祖黄峭，官至五代后唐工部侍郎，娶3妻生21子，分遣外地创业，各支分建宗祠，自命堂号，此祠是八子的后裔所建。紧邻的“蛰庐”，建于民国期间，是当地乡绅李屏山的宅第。其人曾在江西等地任县长，因官场险恶和土豪劣绅的陷害，便辞官归乡，蛰居之余，创办“和平中学”等，以造福乡民为乐。

沿古街往里走，两侧民居建筑，密密匝匝，一间挨一间，多是双层结构，长条木板门面，也都完全敞开，开设各类店铺，檐下悬挂的灯笼，均为杏黄颜色，有别于其他古镇的风格。早在唐代，这里就是“五天一墟”，集市繁荣，千年不衰，到了清代鼎盛时期，街道日渐拥挤，于是在道光三年（1823），开始扩建和整顿，完工以后，在街口立上“禁碑”：“此处狭窄，上下人多，两边不许堆积卖物，违者公罚。”如今碑已不存，但街路两侧摊位，全都摆在自家屋檐下，不越雷池半步，早已成为传统。据说还有另外两块“禁碑”，一块在东城门墙脚下，为制止地主囤积居奇、粮食外运的“禁止搬运，保固地方”禁碑，也是清代所立；一块是狮形山下的护林碑：“合市公白，不许盗砍松杉竹、砍柴、挖笋，违者鸣官究治。”竟然是明代所立，可见古镇环境保护意识由来已久。

看到“古镇美食”幌子，感觉肚子饿了，才知已到中午，我们走进这家小店。古镇招牌美食的种类很多，其中以“游浆豆腐”名气最大。一般制作豆腐，用石膏或盐卤，这里则用陈浆当酵母。我们点了一盘，随着店家的一句“一块豆腐百年酵，一口咬下味百年”，赶紧拿起筷子品尝，果然嫩滑鲜香，顿时胃口大开。

除了这条主街，还有数十条小巷，纵横交错，遍布古镇各个角落。我们几次想走进去，因墙高幽暗，不知深浅，没敢贸然“探险”。路旁的“和平供销合作社”，让我们停下了脚步。这座青砖木窗的建筑，容易让人想起20世纪的50年代，如今早已完成使命，古镇人不忘本，并没有将它拆掉，依然完整地保护着它的“尊严”。门前一位笑呵呵的大哥，见我们是游客，邀请到对面他家的楼上，说能看到古镇全貌。我们知道是要收费的，还是随他登上楼顶平台。二楼的高度，勉强算是俯瞰：古镇的中心地带，全部是老旧建筑，在下面看不到，屋顶覆瓦全是红褐色的，而且凸面朝上，一片压一片。房主大哥解释：红瓦取当地原土，用传统工艺烧制，质量好，不易破碎；主街被悬吊的各色气球遮掩，如同一条多彩的小溪，流淌在砖瓦构成的世界里；古镇四周，是广阔的田园，作物绿成一片，生机勃勃；再往远处眺望，有散落的村庄和雾气缭绕的山峦。

这位大哥很健谈，说他原在镇水利站工作，现已退

▼ 古镇的中心地带，全部是老旧建筑，主街被悬吊的各色气球遮掩，如同一条多彩的小溪，流淌在砖瓦构成的世界里

休在家。介绍完古镇历史和现状，他又指点着镇内几个主要古建筑的位置，给我们讲述它们的典故，最后笑着补充：“你们先有个初步印象，过去亲眼看看就知道了。”

历代的和平人，精心维护自己的家园，使得古镇今天的格局，仍为初建时的模样，规整有序，疏密相间。除了几幢近年新建的小楼，200余间明清古民居，依旧是人们的主要居所。另外，还有多座宅第、家庙及县衙、书院等古建筑，保存得完好如初，称得上是国内保存较好的古民居建筑群之一。走在这样的环境里，街旁一个个摊床前，主人并不刻意招揽生意，他们举止迟缓，不急不躁，你也会恍惚觉得，时间慢了下来，自己的脚步也慢了下来。

古街延续不断，郎官宅、二品第、延喜宝庵……一座座精美的古建筑，争先恐后拥到你面前。石雕的门楼，墙壁镶嵌大幅的砖雕，图案雅致，工艺高超，主人的富贵和修养，工匠的睿智和技艺，表现得

◀ 古街延续不断，郎官宅、二品第、延喜宝庵……一座座精美的古建筑，争先恐后拥到你面前

◀ 古街尽头是北城门，因对面有武阳峰，曾是张三丰修道之地，故称“武阳门”

淋漓尽致。偶有亮晶晶的光线，从侧面建筑缝隙中射出，路面像是被一条光柱切割，坚冷的石雕灰塑，也焕发出温暖的生命力，光耀眼目，栩栩如生。

古街尽头是北城门，因对面有武阳峰，曾是张三丰修道之地，故称“武阳门”。条石砌筑的门洞，两边保存有一小段明代城墙，材料是大块的鹅卵石，表面覆满青苔，石缝间伸出蓬乱的杂草。城门之上也建有谯楼，规模比南门略小，双层飞檐，沧桑感更为强烈。

北城门里外，聚集几户大姓人家的私宅，虽然大门紧闭，风霜满面，曾经的雍容华贵，曾经的显赫身世，不知有多少故事要向世人讲述。“岐山公祠”，建于清代光绪年间，由曾任州司马廖德昌（号岐山）的后代为纪念他所建的祠堂，原为园林式建筑，又称“半山园”，现存单进的五开间。“黄氏大夫第”，黄峭第三房19世孙的宅第（该支黄氏清代雍正至嘉庆年间，祖孙三代均诰封为大夫，誉为“一门三大夫”），主院八字门楼，罩石雕牌坊，上面镌刻松、竹、梅等繁杂图案，富丽堂皇的意象，文雅隽永的品位。“恩光”宅，青砖门楼，点缀少许砖雕，朴实无华，门额上的“恩光”二字，刀功精湛，笔力苍劲，显示出主人不凡的气质。“丁氏家庙”，也称“梦松堂”，丁氏家族的著名堂号，虽为一座简朴建筑，全国却鲜有其物，背后的故事也颇为有趣——三国时期，吴人丁固，官至尚书时，一日梦见松树生于腹上，醒来后对人说：“松”字可拆为“十八公”，难道18年后我要做到公（司马、司徒、司空）吗？于是发奋

▲ 黄峭第三房19世孙的宅第，主院八字门楼，罩石雕牌坊，上面镌刻松、竹、梅等繁杂图案，富丽堂皇，文雅隽永

▼ “丁氏家庙”，也称“梦松堂”，原是北宋时丁氏后裔的古冢，丁姓逐渐成为和平的望族，其后裔在此地建起了家祠

苦读，后来果然官至司徒。这座家庙的位置，原是北宋时丁氏后裔的古冢，丁姓逐渐成为和平的望族，其后裔在此地建起了家祠。

离开北城门，我们去看另外两座城门。一条条小巷道，扑朔迷离，极容易迷路，却有曲径通幽的感觉，走起来也惬意，还可以触摸不同年代的民居。古镇的小巷，每条都有名字，多是巷内居民的姓氏，如潘家巷等，也有例外，如最窄的“和气巷”，要两人同时侧身，相互谦让才能通过。我小的时候，家里住的就是老房子，青砖灰瓦，冬暖夏凉，看到这里的古民居，令我感到特别亲切，好像回到了童年时光。闽北普通的古民居建筑，以砖木结构为主，门窗之处最有特点，木格图案，石雕窗框，灰色调的建筑，被点缀得简约俏丽。门前偶有闲坐的老人，闭目养神，孤寂地享受着悠悠岁月。

没有找到西城门，也许是早已拆除了吧——这样想着，我们便拐向东门的方向。一路上，穿街过巷，继

▲ 一条条小巷道，扑朔迷离，极容易迷路，却有曲径通幽的感觉，走起来也惬意，还可以触摸不同年代的民居

续有古镇建筑的精华不断出现，或隐在深巷，或面临大街，我们也惊喜连连，放不下手中的相机。

廖氏“大夫第”，门楼高耸，一片普通的民宅之中，如鹤立鸡群。这座清代晚期的建筑，主人廖氏亦儒亦官亦商，祖孙三代“一门四大夫”，宅第也建得超卓不凡，大门面西，共4座院落，占地2000余平方米。庭院内楼廊相间，风格多样，既有中华传统文化的体现，又吸收了西方建筑艺术的特质，留下中国资本主义萌芽时期的痕迹。主院两侧为廊楼，楼上有“课子楼”书房，内部雕饰楹联等，琳琅满目，美不胜收，为不可多得的艺术佳作。

李氏“大夫第”，四合院式建筑，同样建于清代晚期，门楼外墙呈八字形，墙壁镶嵌的砖雕，以《三国演义》人物为主，精致细腻，栩栩如生。还有龙在下、凤在上的图案，一看便知是清代同治年间的产物，不免让人浮想联翩，脑海里呈现出一幅幅难以述说的画面。

古镇“旧市三宫”——天后宫、三仙宫、万寿宫，是和平古建筑的另类奇葩，显示出古镇传统文化的多元性。我们路过时，看到全都关闭大门，无法窥视内部真貌，只能透过日渐破败的外表，猜想它们往日的情形。为了增加记忆，我用有限的资料记述如下：

天后宫，建于清代咸丰八年（1858），供奉妈祖娘娘。镇内廖姓、李姓两个家族，通过经营纸业等贸易，成为当地的巨贾富商，以他们为首捐资并带动乡民，建成这座宫殿式建筑。里面共上下两殿，并建有戏台，当时也兼做“福州会馆”，商人在此洽谈生意、交流行情。每年的元宵节，则把妈祖木雕圣像抬出来，坐轿花灯游街，宫内戏台唱大戏。

三仙宫，又名“灵仙观”，是一座道教观宇，坐西朝东，也为上下两殿，外观更为残破，让人不忍目睹。

万寿宫，面临大街，清代中期由江西商人所建，当时亦作为“江西会馆”之用。牌坊式门楼，四柱三间，

▲“岁进士”，这座看似普通的牌坊，却是和平科举登第迭盛的体现和佐证，但愿古镇人会长久地保存它

三层翘檐，门楣镌刻“万寿宫”烫金大字，下面又刻“水德灵长”，据说是林则徐曾在广东玄武山题写匾额的内容。整座牌楼洁白如玉，凸显蓝色的花纹图案，堪为石雕艺术的精品，也保存得完好无损。

在谢傅巷内，我们发现了一座“政府机构”：县丞署。由于地理位置重要，清代乾隆三十四年（1769），朝廷在此设置和平分县，成立分县衙门（相当于现在某些地方的副县级乡镇），管理一方民事。这座5开间的署衙，带有明显的明代建筑风格，粗硕的梁枋，使得公堂更为威严肃穆。1915年，曾改作基督教会的福音堂，并开办了一所初级女子小学，如今为市级文物保护单位，可能也是全国保留最完好的清代分县衙门。

在古代中国，很多地方都建有“义仓”，属于民间自发的慈善场所，平时储备粮食，以备赈灾和助贫之用。我们欣喜地看到，和平也有一座“义仓”：四合院，封火墙，内设4间仓房，虽然早已弃用，残缺破烂，但从嵌在墙中的石板上，依稀可见刻有规则和捐资者功德名单。一位乡民告诉我们：早在明代，和平人就开始筹建“义仓”了，现在的这座，是清代光绪十三年（1887）建的，好不容易保留下来，如今没人管了，用不了几年就会毁掉的。

李家巷的巷口，是砖砌的过街牌坊，无柱单门，仅嵌一块“岁进士”匾额，简朴无华。清代顺治五年（1648）至嘉庆十五年（1810）间，巷内李氏家族出了三位岁进士，此牌坊康熙二十七年（1688）始建，同治年间重立。以前巷内的李宅，据说是古镇仅存的两幢明代建筑，我们走进去看，却已无迹可寻。

来到和平书院门前，才知李家巷的“一门三进士”，并非偶然及个别的。从唐代到科举制废除，和平共考取137名进士，“进士之乡”的美称，显然与这座书院的治学密不可分。和平书院创建于五代后唐天成年间，是由那位黄峭弃官归隐后创办的，初为黄氏家族自办的学堂，宋代以后，逐渐广收各家子第前来就读。据传闻，当时一些名家也受邀到此讲学，如宋代理学大师朱熹、“闽学四贤”之首杨时等，更为古镇营造出千年来学风蔚然的氛围，培养出一大批英才人杰。眼前这座古色古香的书院，为清代乾隆三十四年复建的，新中国成立后，曾作为“和平小学”的校址，而后逐渐恢复了旧貌。书院坐东朝西，建筑面积约600平方米，正门上额，砖刻“和平书院”楷书大字，再无任何装饰。正堂前有13级台阶，寓意人们的美好愿望：前6级为发奋读书，7级以上喻为官阶品级。中堂之内，高悬“万世师表”横匾，虽为新仿，却也烘托出肃穆威严气氛，月梁上的木雕图案，如同展开的书卷，上面原来刻有“天开文运”4个大字，现今字迹已难辨认。和平书院，作为历史上的传统书院，与今人阔别已久，但它的教育功绩不会因此而湮没。

绕了大半个古镇，以为又转回到南门，定睛细看，原来是东城门。两座城门造型相同，同样建有谯楼，同样为3层飞檐，难怪让我们误会。和平城堡由乡民筹资自建，与朝廷修建的城池不同，没有官方烧制的城墙砖，完全是就地取材，采用大块的河卵石砌筑，古时不叫城池，称其“土堡”，但它绝对是中国古城建筑的一种别样类型。

东门也叫“震东楼”，也许不是主要通道，门前冷清，很少有人进出。那么，我们就此向和平古镇告别吧。

▼ 绕了大半个古镇，以为又转回到南门，定睛细看，原来是东城门

晋商贩茶之地

▲ “祖师桥”上的文昌阁，双层亭阁，灰瓦飞檐，粗硕的梁柱，支撑着岁月的痕迹

村口一块巨石，刻着“晋商万里茶路起点”字样，让我想起电视剧《乔家大院》里主人公来武夷山贩茶的画面。这里，就是武夷山下的下梅村。

下梅的村名，与梅溪有关。梅溪是武夷山东部的一条河流，发源于梅岭，理所当然叫梅溪。两岸的村落，多以“梅”命名，如梅岭、上梅、梅溪等。该村在梅溪下游，故名下梅村。据传，梅溪曾养育了北宋著名词人柳永、南宋理学家朱熹等，千年的下梅村也得此滋润和护佑，茶市没有不兴的理由。

不过，流入下梅村的不是梅溪，而是当溪，在村外与梅溪交汇，形成丁字形水系，将村子一分为二。严格说来，当溪是一条“人工运河”，虽然属自然形成，但经过下梅村人不断疏浚和改造，到了清代康熙年间，已经可以行船，形成一条水运航道，武夷山区重要的茶市同时应运而生。

下梅村始建于隋代，北宋咸平元年（998）开始列入行政区划，清代达到历史最为繁盛时期，“祖师桥”上的文昌阁就是例证：双层亭阁，灰瓦飞檐，粗硕的梁柱，支撑着岁月的痕迹。村里人却告诉我们，此桥是以后复建的，原来是在梅溪与当溪交汇的水口处，1958年修建公路时被拆除，但材料没有丢弃，在当溪上建了这座桥。桥柱上的一副楹联，笔力遒劲，形象隽永，正是下梅村曾经繁荣的真实写照，“茶道逶迤梅溪浮舣行万里，街肆沧桑君山护村报千秋”。

过了祖师桥，当溪两岸，俨然江南水乡的风貌。有桥，石桥或木桥，半拱或平板的，短小精致，只能供行人通过；有水，桥下的溪水，浅浅的一层，清澈见底，旧时的小码头，裸露着斑驳的石阶。青砖灰瓦的建筑，门楼装饰石雕和砖雕，两侧徽式封火墙，高耸碧空。骑楼式风雨长廊，临溪长长的美人靠，历经百年风霜，至今风韵犹存。下梅村的古建筑，多兴建于清代乾隆年间，至今尚存30余幢，基本都在当溪两岸，其中最为奢华气派的是村落中心位置的邹氏家祠。

邹氏家祠，雄踞当溪岸畔，为下梅村标志性古建筑，也是武夷山范围内保存最好的一座祠堂。恰巧，一位当地人士陪同朋友参观，我们也跟随其后，借光听

▼ 下梅村骑楼式风雨长廊，临溪长长的美人靠，历经百年风霜，至今风韵犹存

▶ 邹氏家祠，雄踞当溪岸畔，为下梅村标志性古建筑，也是武夷山范围内保存最好的一座祠堂

他免费讲解，免得盲目地走马观花。这座祠堂建于清代乾隆五十五年（1790），牌坊式门楼，整体为汉白玉，4层阶梯式飞檐，中间正门两旁，一对抱鼓石，门楣上方，4根雕花石柱，构成“门当户对”架势；“邹氏家祠”横匾四周，嵌满雕花图案，丰富多彩；两侧拱门上方，篆刻“木本”“水源”4个大字，寓意深远，不言而喻，表达了邹氏族人追思祖先的拳拳之心；门楼左右，各镶嵌一幅圆形的砖雕图，分别是“文官”和“武将”形象，显然是对子孙后代的寄托与希冀。从中间大门进去，闪过木屏风，是大厅正堂，两根圆柱，顶天立地，却有4条明显的缝隙，据那位人士讲，它是由4片木柱拼成的，俗称“四片柱”，代表了当时邹氏四兄弟合资筹建的心愿：抱成一团，继承祖业，发扬光大。厅内祭台上方，悬挂“礼仪惟恭”镏金匾额，下方壁板镶4幅镏金画，雕刻中国传统的孝道故事，两侧楹联撰写“参天之木惟有其根衍先祖；怀山之水必得斯源泽后裔”，典出清代张澍的《姓氏寻源》，恰如为邹家亲力而撰。大厅四壁，挂置多副对联，描金黑漆，满堂生辉，其儒家文化的修养厚重，对家族后代的殷殷教诲，表现得淋漓尽致，让人过目难忘。我记下几副，以供日后品味欣赏：“思源敬舜尧其德方知廉耻，敦本尊昭穆之序恪守礼仁”“心术不可得罪于天地，言行要留好样与儿孙”“慨夏畦之劳劳秋毫者有补，笑冬烘之贸贸春梦全无回”“践行典范能自律方正，博览书经可成就圆融”。出了大厅后门，再往里走，是当年的后花园，虽然衰败破落，依然可见繁华的遗痕。

如此富丽堂皇的家祠，是邹氏家族的创业丰碑，因为“万里茶路”的开辟，下梅村茶市的兴旺，与他们百余年的悉心经营密不可分。

邹家原籍江西，清初迁此择居创业。武夷山盛产岩茶，品性有绿茶之清香，红茶之甘醇，为中国乌龙茶的极品，其中最著名的就是“大红袍”。康熙年间，朝廷多年的禁海政策，导致武夷山茶叶销路不畅，而远在蒙古草原的游牧民族，茶叶是不可或缺的饮品，晋商瞄准商机，前来寻求生意资源。早有经营茶叶经验的邹家，与晋商予以联手经营，成立了武夷山最大的茶庄，从而带动了下梅村茶市的形成，成为闽北最大的茶叶集散地。从此，一条纵贯我国南北的商道悄然开启，盛产于武夷山的茶叶，源源不断运往远在万里之外的恰克图——这就是“晋商万里茶道”，其起点就是下梅村。每年到了茶期，满载精制茶叶的竹筏，从当溪下水，进入梅溪，通过水路运出，再用马帮驮运北上，开始了漫漫长路。据《崇安县志》载：“康熙十九年，武夷岩茶茶市集崇安下梅，每日行筏三百艘，转运不绝……”下梅茶市贸易，完全依赖当溪与梅溪沟通，如今的当溪，就是当年以邹氏家族为首，各茶号同人共同筹资，砌筑堤坝，修建码头，扩展街路，使之更适合发展水运。鸦片战争后，清政府被迫五口通商，武夷山茶市逐渐转到赤石，下梅村的贸易开始走向衰落，最终被汹涌的商业大潮所淹没。今天，我们站在当溪岸边，曾经舟楫往来的景象，只能凭想象在脑海中呈现了。

▼ 我们站在当溪岸边，曾经舟楫往来的景象，只能凭想象在脑海中呈现了

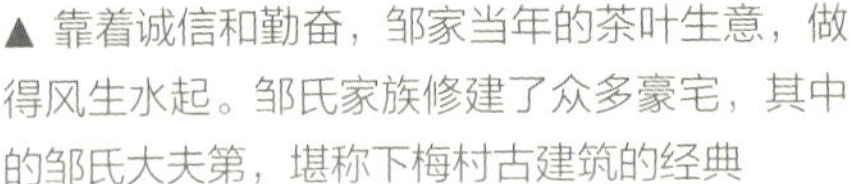

▲ 靠着诚信和勤奋，邹家当年的茶叶生意，做得风生水起。邹氏家族修建了众多豪宅，其中的邹氏大夫第，堪称下梅村古建筑的经典

▲ 邹家老宅“大夫第”，当年本为庆祝邹氏老人家60大寿而建，又恰逢朝廷诰封其“中宪大夫”，名副其实的大夫第

靠着诚信和勤奋，邹家当年的茶叶生意，做得风生水起。武夷山丰厚的茶叶资源，也让这个家族收获了巨额银两，成为闽北富甲一方的商贾。财富的堆积，最终体现在奢华的私宅上，大兴土木，造屋建宅，历来是中国富豪们的普遍选择。邹氏家族也不例外，除了兴建邹氏家祠，光宗耀祖，还修建了更多的豪宅，其中的邹氏大夫第，堪称下梅村古建筑的经典。

邹家老宅“大夫第”，也建在当溪的北岸，建筑年代与邹氏家祠相近。本为庆祝邹氏老人家60大寿而建，又恰逢朝廷诰封其“中宪大夫”，使这座豪宅成为名副其实的大夫第。整座建筑为三进结构，临街的门厅，悬挂“大夫第”匾额，由陕西韩城才子王杰题于乾隆十九年（1754）春，不知当时何种情形，此人后来官升乾隆朝军机大臣、东阁大学士，这块匾就更为珍贵了。两侧的楹联，黑底金字，虽为近期新制作的，联文却是王杰所撰：“帝德乾坤大，皇恩雨露深”。门前的拴马石很别致，两对斜立的石碑，中间夹着旗杆石。门厅内中门之上，悬挂“进士”匾，抱柱联为“书作良田百世耕之不尽，勤为至宝一生用则有余”。绕过中门出了门厅，才看出这座宅第的不凡气势：青石牌坊门楼，嵌满石雕装饰，雕琢手法多样，图案形象逼真，几幅人物故事，表现出“金榜题名”“衣锦还乡”的场面。走进中厅，正面悬挂匾额“期颐人瑞”，显然为老人家贺寿而撰，两侧“立品如岩上松必历千载方可柱明堂，检身若璞中玉经万番沙石乃堪琢圭璋”抱柱联，太师壁上“忠孝传家德为本，仁义处事信为先”山水条幅，归纳出邹氏家族富贵发达的根本。三进的四方天井，连着敞开的后厅，条石花架，清代家具，装饰成雅致的茶室，游客可在此先尝后买。一堵双面镂空雕花石墙，隔出后花园，花墙的最妙之处，是雕琢为两层的格窗，前后形状不一，通透又看不清后面，

▶ 青石牌坊门楼，嵌满石雕装饰，雕琢手法多样，图案形象逼真

▶ 一堵双面镂空雕花石墙，隔出后花园，通透又看不清后面，遮遮掩掩，恰似唐代元稹的“拂墙花影动，疑是玉人来”之意境

▲ 老人精瘦结实，邹家的第27代后人，家里卖的都是自家产的茶叶，绝对货真价实

遮遮掩掩，恰似唐代元稹的“拂墙花影动，疑是玉人来”之意境，惊艳无比，表现了中国砖雕艺术极高的美学价值。后花园不大，江南园林式景致，也取名“小樊川”，后墙上“镜”“月”两个石雕大字，说明此园最适宜观花赏月。靠墙的大鱼缸，竟然是用整块石头雕琢的，我从未见过如此石雕艺术的精品。花架和墙脚，种植了多种花卉，一位老者拿着胶管在喷水，我上前和他交谈，得知这里仍是邹家后人居住。老人精瘦结实，邹家的第27代后人，家里卖的都是自家产的茶叶，绝对货真价实，他说自己78岁了，从不会骗人。来到武夷山，我们是想买点茶，但不知哪家的茶正宗，于是，就听了他的话，选了几十袋“正山小种”。

传说，清代嘉庆年间，那位王杰大人曾来到下梅村，并写诗赞美“鸡鸣十里街，日出千鼎烟”，由此可知，当时该村已有千户人家了。如今，物是人非，当溪两岸旧貌依然，昔日的商铺，门前冷落，不见车马喧，高高的阶梯防火墙，遮掩身下的门楼，阴影里的砖石雕饰，岁月痕迹模糊了，变得清晰而夺目。一条条巷道，向当溪两侧纵向延伸，漫步进去，清代民居建筑的神采，对于喜欢古村落的我们，可以大饱眼福，收获丰满。由于修建年代相对集中，下梅村民居的风格也大体一致：深宅大院，装饰奢华，既注重生活隐私，又显露门第兴旺。各门户间错落有致，避免正面相对，门楼多饰有砖雕和石雕，灵动气派，尽显各自的家族风采。欣赏这些雕琢图案，别有趣味：“五福临门”“花开富贵”“独占鳌头”“紫气东来”……表达了人们美好生活的愿望。木雕则体现在窗棂上，四扇、六扇、八扇的格扇窗，多是透花格式，花卉植物、人物故事、松柏祥云等图案，不乏木雕艺术之精品。很多门临街巷的商铺，包括饭庄、茶馆、杂货店等，还保留着以前的楹联：“经此过不去，知味且常来”“客官里边请，小二我来也”“追慕古人行真趣，别出新意成一家”“日暖阶前芝秀，风和堂上凤鸣”“得饮闲茶半杯残，笑看风云意尽舒”。我边走边欣赏，心生羡慕甚至嫉妒之意：古人商业文化之文雅风趣，不知今人有何感触，是否羞愧汗颜？

由于水位下降，当溪早已不能行船，那几处小码头孤零零的，成了村民洗涤衣物的平台。流水无情，岁月沧桑，因茶而兴衰的下梅村，茶文化沉淀下来的文明遗存，在今天日新月异的生活里，显得更为弥足珍贵且不可复制，赋予武夷山一带人文景观的独特魅力。

回家后，每每冲泡正山小种，就会想起遥远的下梅村，浓酽怡人，七泡有余香，然后，便茶不醉人人自醉……

▼ 流水无情，岁月沧桑，下梅村因茶而兴衰